国家社科基金
后期资助项目
GUOJIA SHEKE JIJIN HOUQI ZIZHU XIANGMU

基金家族利益输送问题研究

Study on the Tunneling of the Fund Families

彭文平 著

中国人民大学出版社
·北京·

国家社科基金后期资助项目
出版说明

　　后期资助项目是国家社科基金项目主要类别之一，旨在鼓励广大人文社会科学工作者潜心治学，扎实研究，多出优秀成果，进一步发挥国家社科基金在繁荣发展哲学社会科学中的示范引导作用。后期资助项目主要资助已基本完成且尚未出版的人文社会科学基础研究的优秀学术成果，以资助学术专著为主，也资助少量学术价值较高的资料汇编和学术含量较高的工具书。为扩大后期资助项目的学术影响，促进成果转化，全国哲学社会科学规划办公室按照"统一设计、统一标识、统一版式、形成系列"的总体要求，组织出版国家社科基金后期资助项目成果。

全国哲学社会科学规划办公室

2014 年 7 月

前　言

　　证券投资基金作为政府超常规推动和高度倚重的资本市场主导力量，近年来发展迅速。根据万德数据库，截至 2014 年底，我国基金管理公司已有 95 家，开放式基金数已高达 1 763 只，所管理的资产高达 45 353.61 亿元，平均每家基金管理公司拥有 18 只以上的基金。但同时，诸如华安基金家族总经理韩方河操纵股价案、交银施罗德基金经理李旭利内幕交易案等大案要案频发，严重影响资本市场健康发展。

　　自 2000 年《财经》杂志发表《基金黑幕》一文以来，证券投资基金利用制度和管理漏洞进行利益输送损害投资者利益的行为就得到金融界和监管层的高度关注。证监会连续出台了一系列监管法规，如 2004 年的《证券投资基金运作管理办法》、2008 年的《证券投资基金管理公司公平交易制度指导意见》、2009 年的《基金管理公司投资管理人员管理指导意见》，严禁基金管理人员利用基金财产或利用管理基金份额之便向任何机构和个人进行利益输送，严格要求基金家族公平对待不同基金份额持有人，不得在不同基金财产之间进行利益输送，不得从事或者配合他人从事损害基金份额持有人利益的活动。

　　从已出台的系列监管法规来看，监管层已经充分认识到监管基金利益输送行为的重要性和必要性，但是由于信息不对称和对基金利益输送行为缺乏深入研究、认识，只能打击"老鼠仓"等简单的利益输送行为，很难识别、认定更隐蔽的深层次利益输送行为，也无法测度利益输送的规模和影响，无法有效监管，因而利益输送行为屡禁不止。所以彻底禁止基金利益输送行为的前提是搞清楚基金利益输送的动机、手段，采取有效办法识别利益输送行为。

　　为了从制度上更好地监管基金利益输送，保护投资者利益，本书运用实证分析方法，以金融机构利益冲突经济学为基础，以中国新兴金融市场为背景，结合中国证券投资基金的特殊性，系统研究中国金融市场长期存在的基金家族内部利益输送问题，并对首次公开募股（initial public of-ferings，IPO）配售中基金家族与外部利益相关者的利益输送问题做了初步研究。研究内容和结论如下：

1. 通过对中国基金家族内部治理结构和外部监督环境以及制度背景的理论分析，归纳出了中国基金家族利益输送的主要形式和常见手段。

2. 从基金业绩—资金流关系以及明星基金（star fund）溢出效应两个角度对基金家族利益输送动机进行了实证研究。结果表明：在我国，基金业绩与资金流非线性正相关；明星基金存在显著的溢出效应。实证研究的结果表明基金家族存在利益输送的动机。

3. 对基金家族内部利益输送手段进行了全面系统的研究。研究发现，基金家族确实在历史业绩好—差、年龄老—轻、规模大—小以及费率高—低基金间进行利益输送。基金家族通过反向交易等不公平交易策略在历史业绩好—差、年龄老—轻以及费率高—低基金之间进行利益输送；基金家族通过差别配置 IPO 资源的手段在历史业绩好—差、费率高—低、年龄老—轻以及规模大—小基金之间进行利益输送。基金家族规模、年龄和成员基金数量对利益输送有一定影响。

4. 从利益输送造成的业绩差异的角度对基金家族内部利益输送的影响和规模进行了测度。研究发现，家族内部利益输送造成业绩好的基金比业绩差的基金的年化业绩高 0.468%。

5. 对同一基金管理公司管理的公募基金和社保组合之间的利益输送问题进行了研究。研究发现，基金管理公司运用反向交易的手段把旗下公募基金利益输送给关联社保组合，使得社保组合持股业绩要显著好于关联基金。

6. 对 IPO 配售中基金家族与券商之间的利益输送问题进行了研究。研究发现，基金家族用交易佣金交换承销商的热门 IPO。基金家族每为主承销商支付 1 亿元佣金，可以获得 8 250 万元打新回报。

7. 针对我国基金家族利益输送的各种形式和内部治理存在的问题，提出了改善基金家族内部治理，加强市场约束和外部监督的政策建议，以治理基金家族利益输送，保护投资者利益。

基金利益输送在中国资本市场很普遍，严重损害投资者利益和资本市场秩序。但国内较缺乏对基金利益输送行为和规模、影响的实证分析。本书采用统计和计量检验的方法对一级市场 IPO 配售、二级市场关联交易、公募基金与关联社保组合以及基金家族内部高低价值基金之间利益输送行为进行了识别和认定，通过系统检查不同类型基金和基金家族内部基金成员间的业绩及业绩持续性差异，以及主要利益输送行为对基金成员业绩差异的贡献度，量化利益输送经济后果，是对中国基金家族利益输送问题的系统研究。本书的研究揭示了各种利益输送手段的特征，从而为识别和认定基金家族利益输送行为提供了实证性证据，这对管理层监控基金利益输送和保护投资者利益具有重要的实践意义。研究结果将在理论上为后续研究提供文献基础，在实践上为证券监管、加强投资者保护提供实证性决策依据。

国际经济学界对基金利益输送做了大量的经验研究。但是这些研究基本局限在美国的成熟金融市场，缺乏对其他国家特别是新兴金融市场的相关研究。[①] 本书以中国特色的新兴金融市场为背景，研究了中国基金家族内部以及基金家族和外部利益关联方之间的利益输送的形式、特征和规模，是对21世纪兴起的金融机构利益冲突经济学的重要扩展和补充，具有重要的理论意义。

本书的特色与创新之处：

1. 基金利益输送在中国资本市场很普遍，但国内缺乏对基金利益输送行为和影响的系统实证分析。本书从基金家族的角度全面系统地研究了中国证券投资基金利益输送问题。

2. 国际学术界对基金利益输送问题的研究基本局限在美国的成熟金融市场，缺乏对其他国家特别是新兴金融市场的相关研究。中国作为一个新兴金融市场，对基金监管制度尚处于建立和完善过程中；基金采取了不同于美国的契约性组织形式，不同的基金组织形式、治理结构和监管制度对基金利益输送有着不同的影响。本书以中国特色的新兴金融市场为背景，结合中国特色的基金组织形式和治理机制，研究基金利益输送问题，是对本世纪兴起的金融机构利益冲突经济学的扩展和补充。这首先体现在研究了新兴市场中更为复杂多样的利益输送形式，包括IPO配售中基金家族用交易佣金交换券商热门IPO、基金家族将旗下公募基金利益输送给关联社保组合、基金家族内部高低价值基金之间通过IPO资源配置以及交易策略输送利益。其次还体现在通过对中国新兴资本市场正在完善中的监管制度和契约型基金的不同组织形式下的基金利益输送行为的研究，将美国成熟资本市场的研究扩展到新兴市场。如结合中国实际，将西方文献中的基金家族概念具体设定为基金（管理）公司，研究了中国特色的基金

---

①　H. Mehrana, Rene M. Stulz, "The Economics of Conflicts of Interest in Financial Institu-tions," *Journal of Financial Economics*, 2007, Elsevier, vol. 85 (2): 267-296.

家族的组织形式和运行机制下基金家族利益输送行为特征；又如基于中国特色的IPO配售制度，对IPO配售过程中的基金家族与券商之间的利益输送问题进行了研究，也得到一些和西方不同的结论。

3. 在具体研究方法、指标选取和模型构建中，相比国内外现有研究，也有创新。较重要的有：（1）业绩指标的选取。如何定义基金业绩和选择衡量指标对研究结论有重大影响。[①] 目前，国外研究大多采用基于三因素和四因素模型中的超额收益来衡量，但国内使用三因素特别是四因素模型来度量基金业绩的还不多。本书采用多种指标，包括基于四因素模型的超额收益、序数业绩指标（包括基金评级机构的基金业绩排名和自编排名）以及相对超额业绩来衡量业绩，既运用了国外先进方法，也根据中国实际做了创新。研究发现，采用不同的业绩指标，可能会得到不同的结论。比如不同业绩指标影响业绩—资金流、明星基金效应等的研究结果。国内一些研究得出"赎回之谜"[②] 的结论就与用未考虑风险的原始回报度量业绩有关。[③] 本书采用多种业绩指标特别是序数业绩指标，能够更全面准确地衡量基金业绩。（2）国外一般根据业绩、费率、年龄三个指标划分高低价值基金。本书结合中国实际，增加了基金规模的分类方法。研究发现，基金家族除在不同业绩、费率和年龄基金之间进行利益输送之外，还会在大—小基金之间进行利益输送，这是对现有研究的重要补充。（3）现有国内外研究没有测度利益输送规模的方法，也没有测度过利益输送规模。本书借鉴了国外研究基金业绩差异时常用的配比方法，用四因素模型测度了内部利益输送规模，还测度了IPO配售中基金家族和券商之间利益输送规模和影响。

基金家族利益输送手段多种多样，大多采取了隐蔽的形式。限于数据的可获得性和研究时间，本书只对可取得数据的几种典型的利益输送手段进行了研究，其他形式的利益输送行为只能留待今后再进行研究了。

本书由国家社科基金后期资助（项目号：14FJL002）出版。作者感

[①] Nanda, Vikram, Zhi Wang, Lu Zheng, "Family Value and the Star Phenomenon: Strategies of Mutual Fund Families," *The Review of Financial Studies*, 2004, vol. 17, No. 3: 667-698.

[②] 赎回之谜：在中国开放式基金的申购和赎回过程中，面临赎回压力较大的往往是业绩良好的基金而不是业绩较差的基金。

[③] 参见陆蓉、陈百助、徐龙炳、谢新厚：《基金业绩与投资者的选择——中国开放式基金赎回异常现象的研究》，载《经济研究》，2007（6）。

谢国家社科基金的资助，以及国家社科基金的评审专家的修改意见，他们的修改意见使得本书得到完善。也感谢暨南大学管理学院肖继辉教授，华南师范大学经济管理学院袁颖、陈书启、胡月梅、张林涛、刘健强、白明、王叶玲、陈延、许亮、杨蓝蓝、杨瑞平、杨洋、雷雨晴以及黄小棋同学，他们参与了本课题的研究和部分章节的初稿写作、修改。同时感谢中国人民大学出版社的编辑，他们认真负责的工作使得本书得以出版。

彭文平

2016 年 7 月

目　录

第一章　基金家族利益输送问题研究回顾

第一节　引　言

利益输送或隧道挖掘（tunneling）是由 Johnson 等（2000）最早提出的，它是指企业的控制者或内部人为了个人利益将企业的资产和利润转移出去，对少数股东或外部人利益构成侵占的行为。基金家族利益输送是指基金管理公司为了自己或利益相关者的利益，将旗下某些基金的利益输送给其他基金或利益相关者的行为。基金家族利益输送行为不但直接损害基金投资者的利益，而且动摇了基金行业赖以生存的根基——诚信，严重影响资本市场的健康发展。自 2000 年《财经》杂志发表《基金黑幕》一文以来，基金家族利益输送行为就得到金融界和监管层的高度关注。证监会连续出台了一系列监管法规，如 2004 年的《证券投资基金运作管理办法》①、2008 年的《证券投资基金管理公司公平交易制度指导意见》②、2009 年的《基金管理公司投资管理人员管理指导意见》，严禁基金管理人员利用基金财产或利用管理基金份额之便向任何机构和个人进行利益输送，严格要求基金家族公平对待不同基金份额持有人，公平对待基金份额持有人和其他资产委托人，不得在不同基金财产之间、基金财产和其他受托资产之间进行利益输送。

从已出台的系列监管法规来看，监管层已经充分认识到监管基金家族利益输送行为的重要性和必要性，但是由于对基金家族利益输送行为缺乏深入研究、认识，只能打击"老鼠仓"等简单的利益输送行为，无法有效监管更隐蔽的深层次利益输送行为，导致基金家族利益输送行为屡禁不

---

① 2012 年修订。
② 2011 年修订。

止。所以，加强对中国基金家族利益输送问题的研究就显得特别重要。

1999 年，美国通过 Gramm-Leach-Bliley 法案（GLBA），放松了对金融业混业经营的管制，在同一金融集团中可以同时存在投资银行、商业银行和投资基金。此后，同一金融集团内部不同金融机构之间的利益冲突问题就得到美国金融界、监管层和学术界的关注，相关研究成果蔚然形成金融机构利益冲突经济学。[1] 投资基金和同一金融集团内的投资银行、商业银行及利益关联方之间的利益输送问题就是其中一个重要问题。

国际经济学界对基金利益输送做了大量的经验研究，国内也有部分学者对中国投资基金利益输送问题做了初步研究。作为全球引人注目的新兴资本市场，中国投资基金的利益输送行为与国外成熟资本市场有何不同？国外的研究对国内的研究有何借鉴意义？国内的研究是否能对国际经济学界做出独特的贡献？鉴于中国投资基金利益输送问题研究的现实急迫性和制度独特性，本章对国内外关于基金家族利益输送问题的研究进行梳理，并根据中国新兴资本市场的特点分析在此问题上中国学者进一步研究的方向和可能的创新。

第二节　基金家族内部利益输送

同一基金管理公司旗下公募基金构成基金家族，家族内基金会受到基金家族的影响甚至是操纵（比如，中国基金不是独立法人，相当于基金家族的下属部门），这决定了家族内各基金必须服从家族整体利益最大化。基金家族的收益来自管理费。家族内不同基金为家族带来的管理费收入是不同的，因而对家族而言其价值也不同。管理费等于管理费率乘以管理的基金资产。费率高的基金能为家族带来更多的管理费收入，因而成为高价值基金，而费率低的基金就成为低价值基金。为了扩大管理的资产规模，基金家族必须吸引更多的资金流入。业绩与资金流之间的凸性关系使得家族内基金存在着高低价值之别，业绩好的基金能够为家族吸引更多的资金流，因而成为高价值基金[2]；业绩差的基金则对资金流没有吸引力，成为

[1]　H. Mehrana, Rene M. Stulz, "The Economics of Conflicts of Interest in Financial Institutions," *Journal of Financial Economics*, 2007, Elsevier, vol. 85 (2): 267−296.

[2]　K. C. Brown, W. V. Harlow, Laura T. Starks, "Of Tournaments and Temptations: An Analysis of Managerial Incentives in the Mutual Fund Industry," *Journal of Finance*, 1996, 51: 85−110. J. Chevalier, G. Ellison, "Risk Taking by Mutual Funds as a Response to Incentives," *Journal of Political Economy*, 1997, 105: 1167−1200.

低价值基金。成立时间短的年轻基金对业绩与资金流之间的凸性关系更敏感，业绩好的年轻基金资金流入比例要高于业绩差的年老基金资金流出比例。① 年轻基金相对年老基金更能因为好业绩吸引资金流，因而成为高价值基金，而年老基金就成为低价值基金。由于高低价值基金对家族的贡献不同，因而基金家族从家族整体利益最大化出发，就可能在高低价值基金之间进行利益输送，牺牲低价值基金的业绩以提升高价值基金的业绩。

　　国外关于家族内部利益输送的文献主要集中在家族内部利益输送的原因和手段两方面，原因有二：基金业绩—资金流关系和明星基金溢出效应。

一、基金家族利益输送原因

　　1. 基金业绩与资金流的关系（performance flow relationship，PFR）

　　基金业绩与资金流的关系是由 Spitz 最早开始研究的。Spitz（1970）研究发现，1960—1967 年间美国 20 只共同基金的业绩与资金净流入，在加入可支配收入变量后，会呈正相关的关系。由于基金家族获取所管理资产的固定费率作为报酬，因此它们可激励提高基金总资产，所以基金业绩与资金流正相关的关系可以看作一种隐含激励：为基金提供实现良好业绩的激励。② 但是随着研究的深入，PFR 的非对称性逐渐被发现，即业绩好的基金资金的流入比例高于业绩差的基金资金的流出比例。Sirri 和 Tufano（1998）发现投资者的购买决策是依据基金的历史业绩，但表现不对称，大比例资金申购前期业绩好的基金。基金投资者追求业绩，大量购进近期回报高的基金，但不能成功地从业绩差的基金中逃离。Chevalier 和 Ellison（1997）发现，当基金表现特别差时，资金快速流出基金，业绩—资金流的斜率很陡；当基金业绩表现较差时，业绩—资金流的斜率变得很平缓，基金不能吸引新资金，但能保留原有的投资者；但当基金取得非常好的超额回报时，业绩—资金流的斜率迅速变陡。基金业绩与资金流的关系表明，基金取得突出业绩会立即引起投资者的关注，吸引大量资金。Chevalier 和 Ellison（1997）还发现，年轻基金的投资行为不同于老基金，业绩与资金流的凸性关系依赖于基金年龄，对新基金而言，近期业绩对资金流的影响要超过老基金。Hu，Kale 和 Subramanian（2002）发现，即

使在控制基金上市时间后，上述凸性关系仍然存在，而且上市时间短的基金其PFR有更明显的非对称性和凸性。Sirri 和 Tufano（1998）、Fant 和 O'Neal（2000）发现在考虑基金在家族中的地位后，业绩与资金流凸性关系仍然存在。凸的 PFR 关系意味着基金家族宁愿拥有一只业绩好的和一只业绩差的基金，而不是两只业绩中等的基金。因此，当基金家族旗下一些基金业绩好于其他基金时，基金家族为了获得更多的资金流，会以牺牲家族内其他基金的利益为代价来竭力维持少数基金的优秀业绩，从而形成利益输送。

就业绩与资金流的关系而言，国内的研究结论不一。国内学者近年来的相关研究文献多数发现基金短期（季度）回报率与资金净流量之间呈现显著的负相关性，中国基金市场存在"赎回之谜"，投资者根据基金业绩进行"反向选择"。刘志远和姚颐（2004）等发现基金季度回报率与赎回率之间成正比，伴随基金业绩增长，赎回率不降反升，他们据此认为中国开放式基金存在"赎回困惑"。陆蓉和陈百助等（2007）发现中国开放式基金的业绩与资金流的关系和成熟市场不同，呈现负相关且为凹形，投资者的选择未能发挥"优胜劣汰"机制。其他相关的后续研究如汪慧建和张兵等（2007）、冯金余（2009）等基本采用与陆蓉和陈百助等（2007）类似的方法，周铭山、周开国、张金华和刘玉珍（2011）用生存模型，都得到了相似的结论。他们在检查业绩与资金流关系时，所选择的业绩度量为未考虑风险的原始回报，在对基金进行等级分类时，仅分为两组，且业绩排名是基于本期，而不是前期的业绩排名。但是，肖峻和石劲（2011）运用固定效应的非平衡面板数据回归模型检验基金业绩与资金流的关系时发现，基金滞后年度的回报率对资金净流入产生显著正面的影响，投资者整体上追逐业绩而非"逆向选择"，"异常赎回"现象不过是一种假象。任淮秀、汪涛（2007），李学峰等（2009）则发现赎回现象有减弱的趋势。张宗新和缪婧倩（2012）还进一步研究了业绩与资金流的关系对基金经理行为的冲击，发现基金投资行为受基金资金流量的显著影响，资金流量直接影响到基金经理的策略组合和资产组合。

2. 明星基金溢出效应

明星基金溢出效应是指，由于家族内基金成员的资金流存在相互依赖，基金家族如果存在业绩优秀的明星基金，则家族内部基金存在资金溢出效应。这种溢出效应表现为：不仅更多的资金流入明星基金，而且更多的资金流入同家族的其他基金。① Massa（1998）在研究基金家族增加基金数量，以其市场细分来适应投资者异质性时首次发现，基金家族打造一个明星基金会给整个家族带来正的"溢出效应"（spillover effect）。Sirri 和 Tufano（1998）把每年业绩前 2.5%、5%、10% 的基金分别定义为明星基金，研究发现，由于明星基金的定义不同，明星基金是否会增加家族中其他基金资金的流入的结论也不同，即明星基金是否会增加家族中其他基金资金流入的结论不具有固定性。Nanada，Wang 和 Zheng（2004）认为，在研究中如何定义业绩和选择测度标准对结论有重大影响。他们在研究美国 1992—1998 年间基金家族中股票型明星基金溢出效应时，对明星基金采用了不同的定义方法，如 Fama-French 三因素模型调整收益、CAPM 调整收益、晨星评级等，研究表明明星基金会促使更多的资金流入基金自身和同一家族的其他基金，表现出了很强的溢出效应。此外，他们也就业绩差的基金对整个基金家族的资金流的影响进行了研究，发现投资高波动性的基金家族更倾向于打造明星基金，而它恰好又是那些业绩相对较差的基金家族。同时，他们认为业绩差的基金对家族其他基金或整个家族的资金流有负面的但不显著的影响，这就表明投资者对业绩优秀的明星基金和业绩差的基金的反应是不对称的，业绩差的基金不会导致家族内其他基金超额的资金流出。

Nanda 等（2004）还研究了基金家族打造明星基金的投资策略，发现：基金家族多元化的程度越高，其追求明星基金溢出效应的动机越明显；盈利能力相对较弱的基金家族，更有动机追求溢出效应带来的超额回报。他们还比较了明星家族与非明星家族的业绩，发现基金间回报标准差大的家族业绩不如回报标准差小的家族。低能力家族的追星战略瞄准的是不知情的投资者，由于其整体业绩不好，对投资者是不利的。Massa（2003）选取相同规模、相同投资回报率的不属于同一基金家族的基金组合作为对比参照组，研究隶属于同一基金家族的基金之间是否存在通过关联操作进行利益输送的问题，研究结果证实基金家族会通过利益输送的方式打造明星基金，即基金家族存在牺牲某些基金（比如管理费率较低、历史业绩表现相对较差、发行时间相对较长的基金）的利

①　Vikram Nanda, Zhi Wang, Lu Zheng, "Family Value and the Star Phenomenon: Strategies of Mutual Fund Families," *Review of Financial Studies*, 2004, 17: 667–698.
Ajay Khorana, Henri Servaes, "Competition and Conflicts of Interest in the U. S. Mutual Fund Industry," *SSRN* working paper, 2007.

益，而向高质量基金（管理费率较高或者历史业绩较好的基金）进行利益输送的行为。

Chen 和 Lai（2010）针对基金家族实施的明星基金声誉扩张战略在美国共同基金中的作用进行了实证研究，研究结论认为声誉扩张战略对投资者和基金家族双方都是有利的，因为声誉扩张战略不仅减少了信息不对称对投资者造成的不利影响，也增加了投资回报，同时基金家族也获得了净的资金流入。但是 Guedj 和 Papastaikoudi（2003）认为，基金家族为获得溢出效应，以牺牲业绩差的基金为代价而打造明星基金，对于那些购买业绩较差基金的投资者而言是不公平的，损害了这部分投资者的利益。尽管另一部分投资者可以从明星基金中获利，但这就暗含了对投资者实行歧视和偏袒的双重待遇，没有切实做到保护投资者的利益，所以必须加强对这类行为的监管。

针对明星基金溢出效应的研究，国内学者也得出了不一致的结论。戴晓凤和张敏文（2010）基于因子分析法对基金业绩进行综合评价，选取两组基金，运用均值检验比较这两组基金资金流入的差异。实证结果表明，存在明星基金的基金组资金流入显著高于不存在明星基金的基金组资金流入，从而得出中国基金家族明星基金溢出效应具有显著性的结论。林树、李翔和杨雄胜（2009），张婷（2010），饶育蕾等（2010）和王擎等（2010）也得到类似的结论。但肖峻和石劲（2011）研究认为中国明星基金并不能获得超额的资金流入，不存在溢出效应，投资者并不热衷于"追星"。

此外，林树、李翔和杨雄胜（2009）和宋光辉、王晓晖（2011）对影响基金家族造星概率的家族特征进行了研究，发现投资管理能力弱、旗下基金业绩差距大、前期没有明星基金的大规模家族会主动追逐造星策略，以吸引更多新增资金流入。他们的研究还发现，简单追逐明星家族的策略无法为投资者带来超额投资回报；而造星事前概率低的基金家族，即低离差、小规模的明星家族的绩效要显著高于其他基金家族，它们才是最有可能为投资者带来超额回报的真正明星。

二、基金家族利益输送手段研究

基金家族利益输送手段可以分为两种，其一为资源的优先分配，其二是通过基金成员间的同向或反向交易来缓解被扶植基金买卖证券时的价格压力。基金家族可供分配的资源通常有 IPO 和基金经理。基金的同向和反向交易通常来自基金家族的行政指令。在研究该问题时遇到的主要困难是基金家族利益输送行为缺乏可观察性，其行为轨迹很难被发现，因此相关研究也很少。

Guedj 和 Papastaikoudi（2003）发现，基金家族在分配资源时并不是按照基金的需要来分配，而是为了扶植某些基金而决定资源的分配。基金经理是基金家族的一种重要资源。如果家族希望扶植某只基金，则可能为其选派多个得力经理。基金家族给基金增派经理是扶植该基金的信号。研究发现，业绩好的基金更有可能分配到更多的基金经理。基金家族在基金成员之间进行资源分配的能力与旗下基金数量有关。该研究发现，排名所属等级不同的基金其业绩的持续性存在差异，排名居前的基金业绩存在一定的持续性，这是基金家族在资源分配上优先考虑所产生的结果。另外，Guedj 和 Papastaikoudi（2003）还发现，基金家族会通过对基金管理资源的优先配置来夸大某些基金的业绩。

Gaspar，Massa 和 Matos（2006）研究了基金家族进行利益输送的另外两种方式：IPO 资源的优先配置和成员基金间的反向交易。实证研究的结果表明，基金家族确实在对家族整体利益贡献度不同的成员基金之间进行了业绩转移，即利益输送行为。他们用三种分类方法，即基金总费率、基金业绩和基金年龄，将家族内的成员基金分成高价值基金和低价值基金。实证结果表明，在资源分配方面，高费率基金和历史业绩好的成员基金较可能得到更多低定价即热门的 IPO 资源配置。他们通过对家族内成员基金间交易的实证研究，发现基金家族还会通过直接干预成员基金间的交易进行业绩转移，即由低价值基金通过与高价值基金间的反向交易向高价值基金进行利益输送。他们还发现，利益输送的水平与家族特征相关，在管理基金数量多、基金规模参差不齐的大家族，利益输送更普遍。

国内，赵迪（2008）以南方基金管理有限公司作为分析对象，对福耀玻璃这只股票的交易情况进行考察，从其 2007 年四季报中发现，南方基金管理有限公司旗下的南方高增和南方绩优两只基金存在明显的反向交易行为。虽然这只是对基金家族利益输送表象的分析，但也说明反向交易是中国基金家族利益输送手段的一种。陆蓉和李良松（2008）发现基金家族共同持股行为非常严重，为成员基金间的利益输送提供了可能。王华兵（2009）研究了基金家族内部的资源配置策略与利益输送问题。研究表明，为了迎合市场上基金投资者的偏好，基金家族不仅会扭曲自身的资源配置，即在成员基金间差别分配家族拥有的各项资源，而且会利用自身的权威扭曲家族内基金经理的配置来进行利益输送。董超和白重恩（2006），吕鹏和田瑞国（2008），蔡祥等（2011）以及舒建平、王苏生和杨慧孜（2012）从封闭式基金折价的角度探讨了基金家族内部封闭式基金对开放式基金的利益输送问题，他们发现，一旦基金家族开始发行开放式基金，则该公司管理的封闭式基金折价率显著提高。证券公司控股的基金管理公司管理的封闭式基金的折价率也显著高于其他类型的基金管理公司管理的封闭式基金。这些研究显示，中国资本市场中存在着封闭式基金对开放式基金的补贴现象。宋光辉和王晓晖（2011）实证研究了基金家族为提升家族整体绩效而采用的偏爱性竞争策略，发现基金家族会通过转移旗下受托资产绩效的家族竞争策略使家族中高价值基金获取超额绩效，从而为家族吸引更多的净资金流入。刘志新和许宁（2010）利用面板数据固定效应模型对基金家族内部交叉补贴行为进行考察，发现家族内部老基金对新基金、好业绩基金对差业绩基金交叉补贴行为最显著，对费用途径考察结果则不明显。文章还对基金家族特征与内部交叉补贴途径进行研究，发现大规模基金家族与小规模基金家族相比，内部交叉补贴现象更为明显。

第三节　基金家族外部利益输送

美国 GLBA 法案放松了对金融业特别是混业经营的管制，同一金融集团中可同时存在投资银行、商业银行和投资基金。但是，近年来美国华尔街不断爆发的金融丑闻也使美国学术界开始关注混业经营带来的各种金融机构之间的利益冲突。当一个大的金融集团中同时存在投资银行、商业银行和投资基金时，近年的研究发现在这些大的金融集团中的各个相互关联的机构中可能存在利益冲突和利益输送。大量研究从利益冲突形成原因[1]和影响[2]、

---

① Cabral，L. M. B.，Santos，J. A. C.，"Cross Selling and Banking Efficiency," *Unpublished working paper*，New York University，2001. Asquith，P.，Mikhail，M. B.，Au，A. S.，"Information Content of Equity Analyst Reports," *Journal of Financial Economics*，2005，75：245-282.

② Chan，L. K. C.，Karceski，J.，Lakonishok，J.，"Analysts' Conflicts of Interest and Biases in Earnings Forecasts," *Journal of Financial and Quantitative Analysis*，Vol. 42，No. 4，Dec. 2007，pp. 893 - 914. Malmendier，U.，Shanthikumar，D.，"Are Small Investors Naive about Incentives?"，*Original Research Article Journal of Financial Economics*，Volume 85，Issue 2，August 2007，pp. 457-489.

金融机构之间利益输送的动机和形式①以及控制利益输送的手段②等方面
对此问题进行研究，形成金融机构利益冲突经济学。③ 基金与同一金融集
团内其他金融机构之间的利益输送即所谓基金与外部利益相关者之间的利
益输送，是金融机构利益冲突经济学研究的重要问题。基金既需要对股东
负责，又对基金投资者负有信托责任，二者之间存在利益冲突。在这种情
况下，基金可能把自己的利益输送给股东和其他外部利益相关者，损害投
资者的利益。本章把外部利益输送行为概括为基金和投资银行、商业银
行、其他产品之间的利益输送三种形式，分别评述相关文献。

一、基金与投资银行之间的利益输送

很多基金和投资银行有股权或利益关联。它们或者属于同一金融集
团，或者投行是基金的发起人、股东、销售商和经纪商，或者在业务上存
在关联。研究表明，这种关联会带来基金和投资银行之间的利益输送。对
此问题，西方文献研究的焦点集中在 IPO 配售中投资银行和投资基金之
间的利益输送。

当属于同一金融集团、有着股权和利益关联的基金成为 IPO 的配售
对象时，承销商（投资银行）和关联基金之间就可能进行利益输送。这是
因为，在当前国际通行的 IPO 询价配售制度下，承销商拥有一定的 IPO
配售权，它可以把优质的 IPO 配售给关联基金，或者用优质 IPO 资源和
基金交换利益，如获取基金更多的交易佣金；然而，当 IPO 定价太高，
因而存在破发风险，导致发行困难时，承销商也可能通过其控制的关联基
金大量申购而使发行成功。Johnson 和 Marietta-Westberg（2009）研究了
IPO 发行后 8 个季度中基金持有关联券商承销的 IPO 的行为，发现：基
金持有关联券商承销的 IPO 的比例为 1.24%，显著不同于持有非关联券
商承销的 IPO 的比例（0.92%），表明承销商利用关联基金当托以便利
IPO 发行和获得更多的后续 IPO、SEO 等投行业务。Ritter 和 Zhang

---

① Bolton, P., Freixas, X., Shapiro, J., "Conflicts of Interest, Information Provision, and Competition in the Financial Services Industry," *Journal of Financial Economics*, Volume 85, Issue 2, August 2007, pp. 297–330.

② Jackson, A. R., "Trade Generation, Reputation, and Sell-side Analysts," *Journal of Finance*, 2005, 60: 673–717. Ljungqvist, A., Wilhelm, W. J., "IPO pricing in the Dot-com bubble," *Journal of Finance*, 2003, 58: 723–752.

③ H. Mehrana, Rene M. Stulz, "The Economics of Conflicts of Interest in Financial Institutions," *Journal of Financial Economics*, 2007, 85: 267–296.

（2007）认为，当冷门 IPO 的需求较弱时，为完成发行，承销商会把这些冷门 IPO 配售给关联基金；关联基金也可能配售到更多的冷门 IPO，因为承销商为了获得更多的非关联基金的交易佣金而把热门 IPO 配售给其他非关联基金了。这时关联基金就充当着垃圾场的角色。他们利用美国 1990—2001 年 IPO 的数据研究没有发现关联基金因为第一种原因充当垃圾场的证据，但在 1990—1994 年和 1995—1996 年时间段发现了因为第二种原因使关联基金成为垃圾场的证据。他们还认为，券商也可能因为要增加关联基金的业绩而将热门 IPO 配售给关联基金，这时关联基金就成为关系户。他们在 1999—2000 年互联网泡沫时期发现了支持这一点的证据。

IPO 配售中承销商和非关联基金之间的利益输送问题也得到了国外学术界的关注。由于 IPO 是基金稳定而丰厚的收益来源，因而承销商可以通过其 IPO 配售权用 IPO 资源去和基金交换利益，比如基金的交易佣金。Loughran 和 Ritter（2002）研究发现，承销商的利益与 IPO 公司并不一致，承销商会采取机会主义策略，利用其配售权力以谋取更大的利益。Ritter 和 Zhang（2007），以及 Goldstein，Irvine 和 Puckett（2008）的研究从经验上证实了承销商会为了获得更多的交易佣金而有选择地在机构投资者中配售 IPO。Jenkinson 和 Jones（2004）对机构投资者的调查显示，正是给承销商的交易佣金决定着机构投资者能否获配 IPO。Reuter（2006）根据 1996—1999 年美国 IPO 的数据，发现基金家族支付给承销商的交易佣金和其持有的承销商承销的 IPO 之间存在显著的正相关关系，而且这种相关关系局限于上市第一天回报是非负的 IPO，也就是说只有热门 IPO 才是交易佣金的交换工具。Ritter 和 Zhang（2007）认为承销商和基金之间的利益交换的具体形式是承销商根据基金的交易佣金多少配售热门 IPO，基金再通过过多的不必要的交易制造交易佣金以把利益返还给承销商。他们发现，IPO 抑价影响 IPO 上市后的交易频率和交易数量，IPO 抑价每增加 100 万美元就会导致 IPO 上市 6 日内交易佣金上升 1.3%。

Hao 和 Yan（2011）认为，券商把关联基金作为其获取投行业务的工具，会损害关联基金的业绩。他们利用美国 1992—2004 年共同基金的数据发现关联基金的业绩显著低于非关联基金。这种低业绩的第一个重要来源是关联基金不成比例地大规模持有关联券商投行客户的股票。他们发现，关联基金持有的关联券商投行客户股票是非关联基金的 2 倍，而年化收益率要显著地低 1.08%～1.68%，而且越差的投行客户的股票持有越多。投资基金之所以持有关联投资银行客户股票，原因在于关联基金面临或明或暗来自关联投资银行的压力，不得不购买投资银行客户的股票以支撑股票价格，因为这样做可能能够使关联投资银行获得相关客户的承销或并购业务。① 但是由于这些股票从长期来看表现不好②，关联基金的业绩就受到这些股票的拖累而表现不佳。第二个重要来源是，投资银行还可能干涉关联基金的股票组合选择行为，从而导致关联基金不能选择使自己利益最大化的股票。③ 但是，理论上投资银行或商业银行的关联基金的业绩也可能会好于非关联基金。其中一个重要的因素就是投资银行和商业银行业务中生产的内部信息能够被关联基金所共享。Johnson 和 Marietta-Westberg（2009）分析了投资银行 IPO 业务对关联基金的影响，他们发现，关联基金持有的 IPO 客户股票表现要比非关联基金好，因而关联基金的投资者从关联投行的 IPO 业务中获利，其原因就在于关联基金能分享投资银行在 IPO 业务中所了解的客户信息。

整体上，国外对投资基金和投资银行之间的利益输送的研究基本集中在 IPO 配售上，对于中国常见的其他基金利益输送行为，如投行用基金销售量去交换基金承接冷门 IPO、基金通过交易策略为投行买卖证券"抬轿""接盘"等并没有研究。国内对此问题的研究则刚刚开始，仅仅有彭文平（2013）对 2005—2012 年中国特色 IPO 配售制度下基金申购 IPO 行为进行了研究，研究发现关联基金和非关联基金在不同情形下打新行为不同。在牛市和热门 IPO 配售时，关联基金为承销商送礼祝贺，获配其中较差的 IPO；但在熊市和冷门 IPO 配售时，关联基金得到保护，非关联基金送礼祝贺，获配其中较差的 IPO。研究还发现，承销商在牛市中配售更多的热门 IPO 给非关联基金以回报非关联基金的送礼行为，并且券商系基金通过礼尚往来的方式相互为承销商承销新股当托。

---

① Dietz, D., Levy, A.. *Wall Street's "dumping ground"* (N), Bloomberg, June (2004), 40-50.

② Tim Loughran, Jay R. Ritter, "The New Issues Puzzle," *The Journal of Finance*, Vol. 50, No. 1 (Mar., 1995), pp. 23-51. Spiess, Affleck-Graves "Underperformance in Long-run Stock Returns Following Seasoned Equity Offerings," *Journal of Financial Economics*, Volume 38, Issue 3, July 1995, pp. 243-267. G. Andrade, M. Mitchell & E. Stafford, "New Evidence and Perspectives on Mergers," *Journal of Economic Perspectives*, 2001, 15: 103-120.

③ Qing Hao, Xuemin Yan, "The Performance of Investment Bank Affiliated Mutual Funds: Conflicts of Interest or Informational Advantage," *Journal of Financial and Quantitative Analysis*, February 14, 2011.

二、基金与商业银行之间的利益输送

1999 年实施的 GLBA 法案扫除了商业银行混业经营的障碍，使得商业银行也能从事投资银行业务，它们可以代销基金份额，也可以发起设立并管理基金家族。国外有一些文献研究了商业银行与其发起设立的关联基金的关系，发现商业银行与关联基金之间也可能存在利益输送。Massa 和 Rehman（2008）研究了商业银行的信贷行为对关联基金的投资组合选择的影响，发现：商业银行将其在贷款中获得的贷款企业的私有信息传递给关联基金，关联基金随之买进该企业的股票。Golez 和 Marín（2012）认为，当基金被其他金融机构比如商业银行控制时，商业银行会利用基金为其谋利。他们利用西班牙的基金业数据证实了这个假设，发现当关联银行股票价格要下跌时，关联基金相比非关联基金买入更多该银行股票以支持关联银行股价。

三、基金和其他产品之间的利益输送

基金家族旗下除公募基金产品之外，一般还存在养老金计划产品、社保基金受托产品、专户理财产品、企业年金产品等，这样，基金家族为了公司整体的利益最大化，可能在公募基金和其他产品之间进行利益输送。国外的研究主要集中在共同基金和养老金计划产品之间的利益输送。Cohen 和 Schmidt（2009）研究了基金的 401（K）计划受托产品对基金行为的影响，他们发现，基金为了获得 401（K）计划受托资金而过多地持有 401（K）计划客户公司的股票。这种超持行为不能用内部信息来解释，而是因为 401（K）计划客户公司利用其讨价还价的优势地位迫使基金家族过多持有自己的股票，特别是在该公司股票遭遇不利冲击时。Davis 和 Kim（2007）研究了基金的 401（K）计划产品对基金家族董事会选举的影响，发现虽然 401（K）计划产品并没有使得基金家族选举一个更偏向于 401（K）计划客户公司管理层的董事会，但是 401（K）计划产品数量能够预测基金家族和 401（K）计划客户公司管理层的友好程度。Ying Duan，Edith S. Hotchkiss 和 Yawen Jiao（2015）则发现，共同基金会利用其管理的企业养老金计划提供的信息来卖出该企业股票并从中获利。但国外文献对于中国常见的公募基金和社保组合、专户理财以及企业年金之间的利益输送并没有研究。

相对于国外，国内对外部利益输送的相关研究基本停留在对利益输送现象的简单介绍上。邱加蔚（2003）研究了委托资产与公募基金利益输送的问题，在分析利益输送的动因、代价和表现形式等的基础上，提出委托资产管理与公募基金利益输送风险的具体防范与控制措施。周珣和周常春（2007）认为，由于开放式基金的委托—代理关系和信息不对称等问题的存在，会使关联交易成为可能。因此，他们认为，开放式基金存在向利益团体输送利益的现象，并利用不完全信息下动态博弈理论来揭示开放式基金是如何利用伪装进行关联交易，进而向利益相关团体进行利益输送的。祝文峰和刘银凤（2008）对证券投资基金"老鼠仓"问题进行了研究，指出"老鼠仓"问题实质上就是利用内幕信息进行违规操作的利益输送问题，是一种损害证券投资基金持有人利益的不道德行为。王华兵（2009）针对基金管理公司对专户理财的利益输送问题进行了研究，结果表明，在法律和监管体制、信誉机制不健全的情况下，专户理财会导致基金管理公司利益输送行为的发生。林树等（2012）对基金与上市公司之间的利益输送行为进行了考察，通过对 2005—2010 年所有基金家族季度重仓股持股数据的研究，发现基金家族对其重仓股的交易的确存在着关联交易或信息优势的可能性。基金家族倾向于超买非关联性股票，这些股票在下一季度的收益与超买行为显著正相关，这表明基金家族可能拥有信息优势。对于关联性股票，基金家族则倾向于超卖，但下季股票收益与超卖行为并不显著相关，这可能是关联交易与信息优势两种可能性共同作用的结果。

第四节　总结性评论和本书的创新

一、中国新兴资本市场上的基金利益输送问题值得研究

基金利益输送问题引起国际学术界关注的起因，是 1999 年美国 GL-BA 法案的实施放松了对金融业混业经营的限制，允许在同一金融集团内同时存在投资银行、商业银行和投资基金，从而导致同一金融集团内部不同金融机构之间的利益冲突和利益输送。投资基金和关联方之间的利益输送就是其中一个重要问题。国际经济学界对此问题的研究形成金融机构利

益冲突经济学。[①] 但是这些研究基本局限在美国的成熟金融市场，很缺乏对其他国家特别是新兴金融市场的相关研究。中国资本市场作为新兴市场，各项制度特别是基金监管制度尚处于建立和完善过程中，这决定其基金利益输送程度可能更为严重，形式也更复杂多样。很多国内常见的利益输送现象，国外并没有研究。同时，中国投资基金采取了不同于美国的契约型组织形式。不同的基金组织形式和治理结构以及监管制度对基金利益输送是否有不同影响？这一问题还有待研究。本书以中国新兴金融市场为背景，结合中国特色的基金组织形式和治理机制，研究中国基金利益输送问题，希冀对本世纪兴起的金融机构利益冲突经济学做出重要扩展和有益补充。具体体现在以下两方面：

1. 首先体现在对为国际经济学界贡献新兴市场中更为复杂多样的利益输送行为的研究。国外研究的基金利益输送行为包括 IPO 配售中基金和投资银行的利益输送，基金和商业银行在信贷产品、资产证券化等方面的利益输送，公募基金和养老金计划［401（K）］产品之间的利益输送，基金家族内部高低价值基金之间通过 IPO 和经理资源配置以及反向交易输送利益。本书除对中国资本市场发生的上述利益输送行为进行研究之外，还对中国新兴市场发生的可能具有特殊性的、国外没有研究过的利益输送行为进行了研究，包括：证券公司用基金销售量去交换基金承接冷门IPO，基金通过过度交易为券商制造交易佣金，基金通过交易策略为证券公司和其他利益相关者买卖证券"抬轿""接盘"，公募基金和社保组合之间的利益输送，以及基金家族内部高低价值基金之间相互"抬轿""接盘"等。这些行为尚未见国内外文献进行研究，因此针对中国新兴资本市场的上述基金利益输送行为的研究构成对金融机构利益冲突经济学的重要扩展和有益补充。

2. 本书通过对中国新兴资本市场正在完善中的监管制度和契约型基金的不同组织形式下的基金利益输送行为的研究，将金融机构利益冲突经济学烙上中国特色的烙印。具体体现在：（1）结合中国实践，归纳总结出更多的利益输送行为，这些行为有些可能是中国新兴资本市场所特有的。（2）结合中国实际，将西方文献中的基金家族概念具体化为基金家族旗下的公募基金家族，研究具有中国特色的基金家族利益输送行为。西方基金

---

① H. Mehrana & René M. Stulz, "The Economics of Conflicts of Interest in Financial Institutions," *Journal of Financial Economics*, 2007, 85: 267-296.

家族不是独立法人，属于松散型集体；家族内公司型基金倒属于独立法人，运作相对独立，因此基金家族干预基金运作的权力和空间很小。中国基金家族即同一基金家族旗下的公募基金集体；基金家族作为公司法人的形式存在，具有独立法人地位；基金家族的法人地位使其具有直接参与和管理旗下基金资产运作的权力，而旗下契约型基金不具有独立法人地位，相当于基金家族所管理的各部门，运作完全依赖基金家族，这就给基金家族在家族内部高低价值基金之间输送利益提供了更多的机会。鉴于中国基金家族的组织形式和运行方式不同于西方基金家族，本书针对中国特色的基金家族的研究为金融机构利益冲突经济学提供了更多的发现，得出了一些不同于西方文献的结论。（3）西方研究表明，一级市场 IPO 配售环节是基金利益输送的重要途径。但是中国 IPO 配售制度具有中国特色，比如取消了承销商的配售权，并规定了机构投资者线下获配 IPO 的禁售期，这些制度创新一定程度上就是为了防范基金利益输送。本书对中国特色的 IPO 配售制度下的基金利益输送问题做了研究，为金融机构利益冲突经济学提供了中国特色。

二、在具体研究方法、指标选取和模型构建方面，也做了创新

1. 业绩指标的选取。国外的研究发现，如何定义基金业绩和选择度量指标对研究结论有重大影响。[1] 国内对基金业绩与资金流的关系和明星基金溢出效应的研究之所以得出不同结论，也和基金业绩指标选择有关。[2] 国外对业绩度量指标的选择有一个逐步深入的过程，一开始选择未经风险调整的业绩指标，后来逐步采用经过风险调整的业绩指标，现在基本采用三因素和四因素模型中的超额收益来度量。国外研究表明，三因素和四因素模型的超额收益指标是较为合适的指标，也是现在国外最常用的指标。彭文平、肖继辉（2012）的研究表明四因素模型是衡量中国基金业绩恰当的指标。但国内的研究中使用三因素特别是四因素模型来度量基金业绩的还不多。而本书采用了四因素模型度量业绩。同时，鉴于国内投资者和基金管理层基本都采用基金排名来衡量基金业绩和基金经理业绩，所

① Vikram Nandazz, Zhi Wang, Lu Zheng, "Family Value and the Star Phenomenon: Strategies of Mutual Fund Families," *Review of Financial Studies*, 2004, 17: 667-698.

② 参见陆蓉、陈百助、徐龙炳、谢新厚：《基金业绩与投资者的选择——中国开放式基金赎回异常现象的研究》，载《经济研究》，2007（6）；肖峻、石劲：《基金业绩与资金流量：中国基金市场存在"赎回异象"吗?》，载《经济研究》，2011（1）。

以本书在研究中采用序数业绩指标，如基金评级机构的基金业绩排名或根据基金业绩自编排名，或者采用相对超额业绩，即基金业绩和参照组合业绩的差来度量业绩，这是根据中国实际的创新。

2. 高低价值基金划分标准。国外一般根据业绩、费率、年龄三个指标划分高低价值基金。[①] 国内宋光辉和王晓晖（2011）、刘志新和许宁（2010）的研究照搬了国外划分方法。本书认为，现有文献对高低价值基金的划分指标是否适合中国实际，需要进一步研究。根据中国实际，本书认为影响基金价值高低的因素除了上述三种之外，还应该有基金规模大小因素。规模大小之所以成为一个指标，是因为规模越小的基金的业绩越容易因为利益输送而大幅变动。将大规模基金利益输送给小规模基金，不会显著影响大规模基金业绩，但能显著提高小规模基金业绩，从而为基金家族带来更多的资金流。所以，本书对大小规模基金之间的利益输送行为的研究是一种创新。

3. 衡量利益输送规模和评估利益输送的影响，是监管基金利益输送问题的重要环节。但是国内外的研究针对的都是各种具体利益输送行为，没有研究如何衡量基金利益的规模和经济影响。本书认为，基金利益输送行为是一种违法行为，具有非公开性（即私下性），鉴于此，本书运用 Kacperczyk 等（2008）提出的私下行为测度方法对公募基金与社保组合之间的利益输送问题进行了研究。

---

① Ilan Guedj, Jannette Papastaikoudi, "*Can mutual fund families affect the performance of their funds?*", 2003, working paper. J. Gaspar, M. Massa, P. Matos, "Favoritism in Mutual Fund Families? Evidence on Strategic Cross-Fund Subsidization," *The Journal of Finance*, 2006, 3: 249–304.

第二章 基金家族利益输送的制度
背景与理论分析

所有权与经营权分离的命题是由伯利和米恩斯于 1932 年最先提出的，自从命题被提出后，股东（投资者）与管理者之间的冲突成为委托—代理理论研究的起点。就基金管理公司而言，其本身也存在着诸多的利益冲突，如基金投资者与基金管理公司间、基金投资者与基金间、股东与公司管理层间、基金与基金间、基金与其他委托资产间等，由于这些利益冲突的存在，就会导致不正当的利益输送和关联交易行为的产生。从基金治理的角度出发研究如何抑制基金家族利益输送行为的发生，从而有效保护投资者的利益，为本书的研究提供了理论基础。

第一节 基金组织结构与制度背景

一、基金组织运作机制

证券投资基金的法律本质是信托，但随着经济的发展和市场结构的完善，证券投资基金已经演化出与原来的信托原理具有不同特征的法律构造。主要特征体现在：基金资产的经营和保管是由管理人和托管人两个相对独立的主体分别承担。而在传统的信托关系中，信托资产的经营和保管是由同一个主体来负责。经营权与保管权的分离，使得在传统信托关系中受益人与受托人二者相互制衡的基础上，又增添了基金管理人与托管人两者之间的制衡机制。

从现代经济意义上讲，不能把证券投资基金仅仅看作一种金融投资工具，而应把其视为一种投资机制，它具有权责明确、相互制衡、相互关联的显著特征。通过权利和义务的关系，围绕基金资产，把投资者、管理人

和托管人三者维系起来，这也是由基金的内在机制所决定的。三者之间的
关系可由图 2—1 简单地表示出来：

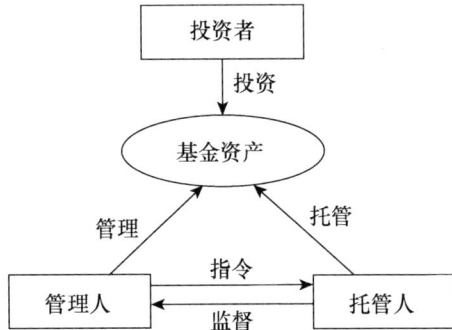

图 2—1　证券投资基金组织体系框架

　　由图 2—1 可见，基金投资者持有基金资产，并将资金资产的经营权和
保管权分别赋予基金管理人和托管人，充分体现了基金资产的三权分立，
即所有权、经营权和保管权的分立。三方当事人从而形成了一种权责明确、
相互制衡、相互关联的关系，这是证券投资基金治理结构中最重要的一环。

　　基金资产由基金管理公司管理、做出投资决策。因此，需要对基金管
理公司的投资决策进行了解，这样对于我们了解基金管理公司管理社保基
金的交易行为以及可能产生的利益输送非常重要。基金管理公司的投资决
策流程如图 2—2 所示：

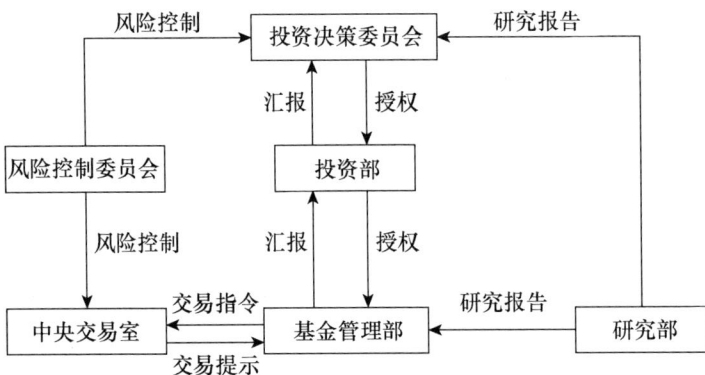

图 2—2　基金家族投资决策机制

　　一般的基金投资决策流程是先确定一个股票池以及投资标的物，而这
个过程的参与部门为投资决策委员会、投资部以及研究部。然后研究部根
据基金管理公司制定的投资风格和投资范围，从宏观、行业、上市公司等

角度撰写研究报告，为投资决策提供依据和建议。投资部的职责是为各个基金制定具体的投资方案。基金经理根据投资方案选择具体投资对象，根据个人经验选取最佳的投资时机，并下达至中央交易室。而这样通过基金经理下达的具体的投资指令会通过交易员进行独立的操作。在进行交易的同时，交易员会把在交易中面临的问题和出现的风险情况上报投资部，投资部汇总这些情况后把报告通知给风险控制委员会。风险控制委员会根据交易员上报情况以及市场的实际情况提出风险控制意见。

根据图2—2我们发现，虽然说像基金管理公司这样的资金管理公司都有严格的"防火墙"的要求，但是在国内许多的基金管理公司都存在一个总揽全局的"灵魂"：投资决策委员会。投资决策委员会是整个基金管理公司投资决策的核心，其成员往往是总经理等高级管理人员。其他的部门往往成为一种摆设。家族内部的基金并不是完全独立的，它们的投资决策或多或少都会受到基金管理公司的影响甚至是操纵。这样，基金家族为了自己的利益，就可能操纵旗下基金把旗下部分基金的利益输送给其他基金或者利益相关方。

二、基金组织委托代理关系

对一般公司来讲，股东利益最大化是公司的最终目标。但基金管理公司的目标不仅仅是追求股东利益的最大化，更重要的是满足基金持有人这一重要利益相关者的要求。这是由基金管理公司资产的特殊性决定的。由于基金管理公司是服务性公司，其业务属于"代客理财"，因此，造成公司有两种不同类型的资产：一种是基金管理公司股东投入的资本。这一投入总额往往比较低，我国基金管理公司的资本金一般是一个亿左右。另一种是基金投资者投入的资产。投资者将资产交由基金管理人投资管理后成为基金持有人，由基金管理公司代为理财。这部分资产往往是几十、上百乃至上千亿元，远远高于基金管理公司股东的投入。股东投入的资产用于基金管理公司发起基金或投资国债，相对于基金持有人投入的资产来说具有风险小、投入少的特点。股东以其投入的资本金为限承担风险，风险主要来自当基金管理公司运作收不抵支或发生对基金投资者的高额赔偿时出现的亏损。而基金持有人必须承担投资失败的风险，以及代理人的道德风险。按照狭义公司治理的原理，公司治理的最终目的是实现股东利益的最大化，但由于基金管理公司管理运作的资产的绝大份额是基金份额持有人的资产，而非股东投入的资产，因而基金管理公司的治理结构所要解决的问题，是对代理人的行为进行必要的激励、约束和监督，从而实现基金持有人收益的最大化。当股东利益与持有人利益发生冲突时，应以持有人利益为重。因此，基金持有人的利益才是基金管理公司的根本，基金持有人的利益最大化才是基金管理公司治理的目标。

在基金契约当中，由于委托代理链较长，因而使得在基金运作中容易产生严重的道德风险和逆向选择问题。在基金行业中，"道德风险"是指基金管理人为了追求自身利益的最大化，而做出不利于投资者的行为，基金家族的利益输送行为就是一个典型的例子。

首先，基金投资者与管理人之间的信息不对称极易导致逆向选择和道德风险问题的产生。众所周知，证券投资基金实际上是一种代客理财的制度，代客理财制度有效运行的前提条件是基金管理人要讲诚信。而诚信是一种道德上的要求，这种要求在信息不对称的情况下，由于受到经济利益的诱惑，会变得非常脆弱。道德风险存在于基金运作的各个环节，净值操纵、内幕交易、关联交易等现象都是道德风险的表现形式。

一般而言，基金管理人和托管人对自己的能力水平、偏好和努力程度以及市场环境的变化比较了解，而投资者并不了解，只是根据他们过去的一些情况进行推测。一旦投资者购买了基金，从基金开始运作起，投资者就处于信息弱势，因为投资者不可能对基金运作的全过程进行全面了解，而基金管理人则居于信息强势的地位，此时，基金家族内部的利益输送行为有可能以隐蔽的方式进行着，这也是投资者无法察觉的。另外，金融市场环境变化莫测，这就更进一步增加了投资者搜寻信息的难度和成本，从而使其不可能做到对基金运作的外部情况进行及时、全面的了解。这样一来，基金投资者与管理人之间就存在着严重的信息不对称，这种信息的不对称有可能发生在签约之前，也有可能发生在签约之后，前者所导致的代理问题称为"逆向选择"，后者产生的代理问题称为"道德风险"。不论哪种代理问题产生，都对基金投资者不利。

其次，在基金运作中，投资者与管理人的效用函数并不相同。投资者的效用函数是基金预期增值收益的增函数，而管理人的效用函数则是劳动投入的减函数和预期基金管理费收入的增函数，并且二者效用函数不是相互独立的，管理人效用的增加意味着投资者效用的减少。由此可见，二者的利益是相互冲突的、不一致的。对于基金投资者而言，追求资产增值的最大化是其根本目标；而对于基金管理人而言，基金管理费用收入能否实现最大化是其最关注的。更严重的是，在基金实际运作过程中，投资者不能直接观察到管理人的行动，基金管理人为了追求自身利益最大化，往往会采取机会主义行为，比如进行利益输送、扶持明星基金，而严重侵害投资者的利益。

最后，从对基金管理人的监督程度方面来分析，如果对基金管理人的监督不到位，那么道德风险问题会进一步强化。在基金发行后，所有投资者就组成了一个集体，那么在监管基金管理人方面就有可能会导致"集体行动悖论"现象的产生。因为单个投资者不可能做到对基金管理人进行有效监督，即使能够做到，因此而付出的监督成本也是巨大的，投资者作为一个理性的"经济人"也不会选择这样做。另外，又因为监督强化而带来的收益是由全部投资者共享的，在这种情况下，监督成本完全内化而投资收益完全外化，投资者就会产生"搭便车"的心理，即希望他人监督，自己坐享收益。基于以上原因，对基金管理人弱化的现象极易发生，其道德风险行为却得到了强化，而这又是投资者不想看到的。也正是因为对基金管理人监督力度不够，才导致利益输送现象时有发生。

综上可知，委托代理问题产生的根源，一是委托人与代理人目标利益的冲突，二是信息的不对称。在这样的情况下，只有通过完善基金治理结构，加强外部监督，才能切实做到保护投资者的利益。

三、基金家族利益输送问题的制度背景

一个国家的资本市场发展越不完善，基金家族利益输送问题就越严重。如果说，一般的利益输送是基金家族作为"经济人"的自利行为，那么在我国，基金家族利益输送问题则更多地体现为一种制度设计的结果。

（一）基金治理结构不完善

目前，我国证券投资基金实行的是基金持有人、管理人和托管人三权分立、相互制衡、相互关联的治理结构，是一种较为先进的治理制度。然而，由于我国证券投资基金在设立之初就存在诸多弊端，因此，在实际运作中，相互制衡的宗旨没有得到很好的实现，产生的实际效果并不理想。原因主要包括以下几个方面：

1. 基金治理结构不健全。现有的大多数基金管理公司都是由券商、银行等金融机构发起成立的，同时，股权结构也经历了由绝对控股、相对控股到目前的分散均等控股的转变。从某种意义上来说，目前的分散均等控股的股权结构与之前的股权结构相比，有很大的优点，那就是其杜绝了控股股东"一股独大"的弊端，有助于形成合理的法人治理结构，从而可

以更好地规避基金管理公司与控股股东之间的关联交易和利益输送的风险。但是分散均等的股权结构也有不足之处，也暴露了一些问题，比如：董事长职位形同虚设、经理人权力过大等。

2. 基金托管人职责缺失，地位缺乏独立性。在基金契约中规定，基金托管人（主要指商业银行）不但要保管基金资产，还要负责监督基金管理人的行为。但是从目前的监督效果来看却不尽如人意，因为在我国，基金的发起人也是基金管理人，其有权决定和选任谁来担任基金托管人，并且只要经由中国证监会和银监会的批准，基金管理人还有权撤换基金托管人，可见，基金管理人的权力要远大于基金托管人。这样看来，由于基金托管人的地位缺乏独立性，从而导致其对基金管理人监督效果的弱化，就容易理解了。加之目前基金托管业务已成为商业银行的利润增长点，为了获取更多的收益，提高自身竞争力，商业银行不可能付出较高的监督成本去监督基金管理人，反而有可能去纵容基金管理人的违法行为。

3. 独立董事的意愿冲突。我国证券投资基金治理结构中设立独立董事制度，其作用是显而易见的，然而独立董事制度是基金管理公司的内部治理制度，独立董事只对基金管理公司负责，并不对投资者负责。独立董事的目标是和基金管理公司保持一致的，这就违背了监管当局为了维护投资者的利益而设立独立董事的初衷。

4. 基金持有人大会缺乏操作性。目前我国的证券投资基金属于契约性基金，投资者只能通过基金持有人大会来行使对基金管理人的监督权，然而由于投资者人数众多，意见难统一，加之大部分投资者易产生"搭便车"的心理，因此，很难发挥基金持有人大会对基金管理人的监督作用。

（二）证券投资基金监管体制不健全

我国《基金法》就证券投资基金的监管主体、内容做出了一系列的规定，但是从目前的实施情况来看，监管体制依然存在弊端。

监管层次不完善，监督力度不够，是目前我国证券投资基金监管体制中存在的一个突出问题。基金监管分为外部监管和内部监管两个层次，就外部监管而言，我国从最初实行的人民银行和证监会的双重监管，转变为目前由证监会统一实施监管，从某种程度上来看，是在监管体制上取得了一个重大进步，但是证监会的监督力度还不够，并且没有到位，其监管的核心是基金行业的进入门槛以及基金业绩，而在基金信息的披露上监管力度缺乏，没有做到从根本上保障投资者的利益。近几年接连出现的"基金黑幕"——关联交易、利益输送等现象的原因也在于此。从内部监管来看，目前我国基金内部的监管只是停留在内部的稽核上，缺乏对基金托管机构监管以及二者之间相互监督的机制，这也是亟待解决的问题。

总之，由于基金不是一个独立的实体，每只基金只是作为基金家族的一部分，因此，其投资行为、业绩以及在家族内资源的分配，必然受其所在基金家族治理结构及特征的影响。目前我国证券投资基金的组织形式以契约型为主，基金行业的发展程度还不够成熟，基金管理公司的内部治理结构存在着严重的治理失衡，基金投资者与管理者之间存在巨大的代理成本和严重的信任缺乏，委托人、代理人和管理者三者之间没有形成良性的相互制衡关系，那么由此产生的高代理成本将滋生各种利益侵害行为，尤其对投资者的利益侵害最大。由于我国基金的治理结构存在持有人利益代表缺位、发起人和基金管理人重叠等问题，这就给基金家族实施利益输送提供了机会。而外部监督机制的不健全则使得基金家族利益输送问题屡禁不止。基金家族利益输送行为的泛滥，会直接影响到证券市场交易的公平性和有效性，最终会导致投资者对基金管理者的信任缺失。若不采取措施加以制止，那么这种行为将严重制约我国基金业的发展壮大。

第二节　利益输送表现形式与手段

一、基金家族利益输送的表现形式

基金利益输送的表现形式多种多样。就基金利益输送的一般形式而言，我们首先要了解在整个基金产业链中的各类利益相关者。在整个基金产业链条中，基金家族居于核心地位，基金家族发行并管理各类基金，从而取得管理费收入。此外，基金家族还可以自行认购并持有基金份额，这样就可以分享基金净值增长带来的投资收益。我们知道，基金主要是通过商业银行、券商等渠道来发行的，那么券商和基金家族之间会建立密切的合作关系，这样券商不仅可以获得基金代销收入，还可以从基金交易中获得佣金收入，可见，券商也是基金产业链中一个不可或缺的利益主体。除此之外，在资本市场中，社保基金作为一支主要的参与力量，也被视为一个重要的利益主体，其往往被指定给部分基金家族来代管。在基金家族中，一般的投资决策方案是由投资决策委员会来制定的，而具体的投资决策组合则由各基金经理来决定，基金经理在基金产业链中的作用是不能被忽视的。

通过以上相关利益主体的分析，基金利益输送的一般形式可以归纳为以下五种（如图 2—3 所示）①：（1）基金家族在券商股东席位频繁交易，从而创造佣金收入，向券商股东进行利益输送；（2）新发基金产品向老产品进行利益输送；（3）非自购产品向自购产品进行利益输送；（4）基金家族的公募基金产品向社保基金组合进行利益输送；（5）低价值基金向高价值基金进行利益输送。

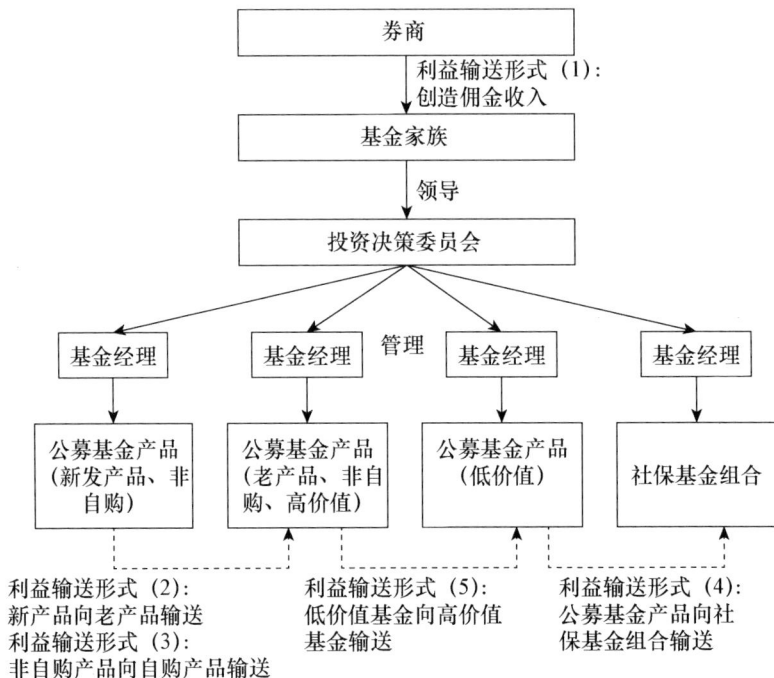

图 2—3 基金利益输送链

二、基金家族利益输送手段

通过对我国基金家族利益输送行为的观察和分析，我们认为我国基金家族主要采用以下几种手段进行利益输送：

1. 基金家族交易策略，主要是同向交易和反向交易。就基金家族而言，出于缓解交易价格压力的目的，同一家族内部的基金成员之间可能进行反向交易或同向交易，而交易会给一方带来正的业绩，对另一方业绩有负的影响。同向交易比如，某只高价值基金先买入某只股票，为了做好该

① 参见赵迪：《基本利益输送链大调查》，见 http://finance.qq.com/a/20090904/005834.htm。

基金业绩，就可以利用家族内其他基金再买入该股票，从而拉高股价，提升该基金业绩，即所谓"抬轿"。这样被"抬轿"的基金业绩自然上升，但"抬轿"基金的业绩下降，从而损害这些基金持有人的利益。反向交易即所谓"接盘"。家族内某只高价值基金持有某只股票，现在要卖出，由于基金都是大规模持股，如果大量卖出，可能会使股价大幅下跌，这样该基金业绩就会受到影响，这时基金家族就可能用家族内其他基金来"接盘"买入该股票。这样，该高价值基金业绩得到保证，但其他"接盘"基金的业绩就受到侵蚀，从而损害这些基金持有人的利益。2011年修订的《证券投资基金管理公司公平交易制度指导意见》明确要求：基金家族应"在投资管理活动中公平对待不同投资组合，严禁直接或者通过与第三方的交易安排在不同投资组合之间进行利益输送""公司应分别于每季度和每年度对公司管理的不同投资组合的整体收益率差异、分投资类别（股票、债券）的收益率差异进行分析，对连续四个季度期间内、不同时间窗下（如日内、3日内、5日内）公司管理的不同投资组合同向交易的交易价差进行分析"，明确指出同向交易是基金家族利益输送的一种手段，并纳入监管重点。

2. IPO资源在家族内不同基金间的有偏配置。IPO抑价是一种全球现象，在我国抑价更是异常高，这样，如果能够配售到新股，则可获得非常可观的收益。Reena等（2002）研究了IPO资源的机构配置问题，发现基金等机构投资者能够获配更多市场需求大的热门IPO资源。基金家族作为整体机构，在获取IPO资源方面具有一定的优势，能够以较低成本获得较多优秀的IPO资源，对IPO资源的潜在盈利能力和具体信息有较多的了解和掌握，这为基金家族在成员基金间差别配置IPO资源，即进行利益输送提供了可能。由于打新收益构成基金家族既稳定又可观的收益，基金家族就可以根据需要在家族内不同基金之间进行有偏的分配。比如，要把某只基金打造为明星基金，就可以把家族掌握的新股资源更多地分配给该基金，这自然会使其他基金的业绩受损，从而损害其他基金的持有人利益。[①]

3. 公募基金与社保组合、专户理财和企业年金等理财产品之间的利益输送。社保组合规模巨大，是基金管理公司稳定的收益来源，同时管理

---

① 国外的研究认为，基金家族把不同能力的基金有偏地配置给不同基金也是一种利益输送手段。但是我们认为，基金家族分配不同基金经理给旗下基金是基金家族合理的权利，基金投资者也可以根据不同基金经理而自主选择基金投资标的，因而不构成利益输送。所以本书不对此种行为进行分析。

社保组合是基金管理公司实力强大的象征。专户理财等委托理财产品基金管理公司可以根据产品收益提成，因而产品收益好坏直接关系基金管理公司的额外收益。而基金管理公司从管理公募基金中获得利益是固定费率的管理费收入，虽然基金业绩差会引起投资者赎回，但对基金管理公司收益的影响不如专户理财等产品直接和敏感。虽然基金管理公司内部公募基金管理部门和其他理财产品管理部门之间存在"防火墙"，但是它们都不是独立法人，而只是基金管理公司下属各个部门，这一方面决定着这些部门都需要以公司利益最大化为目标，另一方面也决定着基金管理公司有权力操纵它们的行为，比如它们的投资方向都是由公司投资决策委员会决定的。所以在利益驱动和委托方的压力下，基金管理公司可能在内部各部门之间进行利益输送，如牺牲公募基金业绩，把公募基金利益输送给社保组合和其他委托理财产品，以获取更大的收益。

4. 基金家族与证券公司之间的利益交换。由于 IPO 高抑价现象的存在，使得打新收益既丰厚又稳定，成为基金管理公司的"香饽饽"，基金管理公司非常想获得抑价率高的新股。但新股配售权一定程度上掌握在承销商（一般是券商）手中，券商可以通过传递新股信息等手段影响基金的打新收益。基金管理公司买卖证券需要租用券商的席位，这为券商带来了可观的收益，但前提是要吸引基金管理公司到券商处开户和交易。一方面，基金管理公司需要获配更多的高抑价新股；另一方面，证券公司又需要吸引基金管理公司去开户交易，这样基金管理公司和券商之间就可能进行利益交换，基金管理公司故意制造过量的交易为基金管理公司奉献更多的交易佣金，用交易佣金交换券商配售更多的新股。[①]

第三节　理论模型

本节的理论模型是以 Aghion 和 Stein（2008）的两时期模型分析框架为基础，并借鉴王华兵（2009）的基于多维任务的两层次委托代理模型来构建的。我们只考虑一个基金家族，并且它拥有两只基金：基金 1 和基金 2。其中，基金 1 为利益输送方，基金 2 是利益接收方，为方便表述，用明星基金具体化，

[①] 国外的文献还发现基金家族和商业银行之间也存在利益输送，但我们初步的研究并没有发现。所以本书不对此问题进行研究。

当然，它也可以等于社保组合等投资产品或券商等利益相关方。首先，我们假设每只基金不但拥有自有资金，而且可以通过销售获取新的资金。基金由三个管理者负责运营，其中一个管理者负责整个基金家族的日常运作，其他两个管理者分别管理基金 1 和基金 2。接下来，我们构建一个两时期模型，并且在第一个时期的开始，基金家族的管理者的精力和时间要在以下两个策略之间进行分配：（1）不在基金之间进行利益输送，而是提高每只基金现有资产的价值；（2）在基金之间进行利益输送，通过打造明星基金，来增加整个基金家族的销售额。我们假设基金家族的利益输送行为并不能直接被投资者发现，另外，基金家族管理者所拥有的精力和时间为 1，并且分配给策略（1）的精力和时间为 e（$0 < e < 1$），那么分配给策略（2）的精力和时间就为（$1-e$）。第一时期结束时，反映两个策略业绩的指标都分别实现，分别为 m_0 和 s_0。其中，m_0 表示的是因基金现有资产盈利能力的提高而获取收益的增加量，s_0 表示的是因基金家族通过利益输送，打造明星基金带来销售量的增加而增加的价值。m_0 和 s_0 的具体形式如下：

$$m_0 = aet + \varepsilon^m \tag{2.1}$$

$$s_0 = a(1-e)q + \varepsilon^s \tag{2.2}$$

其中，a 是随机变量，它代表基金管理者的管理能力，服从均值为 A、方差为 v^a 的正态分布。在（2.1）式中，ε^m 表示整个基金家族现有资产业绩所面临的冲击，服从期望为 0、方差为 v^m 的标准正态分布；t 表示整个基金家族现有资产业绩潜在的提升空间。在这里，我们令 $t=1$，这样（2.1）式可以简化为：

$$m_0 = ae + \varepsilon^m \tag{2.3}$$

在（2.2）式中，q 表示整个基金家族所拥有的潜在销售量增加的大小；ε^s 表示整个基金家族新增销售量所面临的冲击，服从期望为 0、方差为 v^s 的标准正态分布。若 m_0 和 s_0 都得到实现，那么对整个基金家族而言，其价值将会增加，增加部分用 ω_0 表示。

$$\omega_0 = m_0 + s_0 \tag{2.4}$$

因此，基金家族的管理者会因为家族价值的提高而得到奖励，我们假设管理者得到的奖励是价值增加量 ω_0 的线性函数，用 $\lambda\omega_0$（$0 < \lambda < 1$）表示。同时，外部投资者会观察到 m_0 和 s_0 的值，也会根据 m_0 和 s_0 的值来重新对基金管理公司的管理能力进行认识，进而在此基础上重估基金家族

·在第二个时期新创造的价值。在此，我们假设基金家族在第二个时期新创造的价值为：

$$\omega_1 = a + \rho(\varepsilon^m + \varepsilon^s) \tag{2.5}$$

其中，ρ（$0 < \rho < 1$）表示上述冲击对基金价值的影响程度。（2.5）式表明：在其他条件相同的情况下，基金家族管理者的能力越强，那么他为整个基金家族带来的价值也就越高。由于基金家族价值的提升，投资者会增加对家族内基金的申购，也就是说，基金家族在第一时期的申购量 s_0 就会上升，用 Δs_0 表示基金申购的增加量，并且，我们假设 Δs_0 是第二时期新创造价值 ω_1 期望值的折现值。

$$\Delta s_0 = \delta E(\omega_1 \mid s_0, m_0, 1 - e^*) \tag{2.6}$$

那么基金家族的效益函数可以表示为：

$$U = E(\lambda \omega_0 + \alpha \Delta s_0) \tag{2.7}$$

其中，$\alpha \Delta s_0$ 表示除了得到的奖励 $\lambda \omega_0$ 以外，从增加的申购量中获得的收益。

接下来主要分析基金管理公司进行利益输送，投资者偏好于基金家族拥有明星基金的情形，此时 $e^* = 0$。当投资者观察到 m_0 和 s_0 的值后，基金家族的申购量会按照下面的式子进行变化：

$$\begin{aligned} \Delta s_0^g &= \delta E(\omega_1 \mid s_0, m_0, 1 - e^* = 1) \\ &= \delta[A + \beta^s(s_0 - Aq) + \beta^m m_0] \end{aligned} \tag{2.8}$$

其中：

$$\beta^s = \frac{\text{cov}(\omega_1, s_0 \mid e^* = 0)}{\text{var}(s_0 \mid e^* = 0)} = \frac{q v^a + \rho v^s}{q^2 v^a + v^s} \tag{2.9}$$

$$\beta^m = \frac{\text{cov}(\omega_1, m_0 \mid e^* = 0)}{\text{var}(m_0 \mid e^* = 0)} = \rho \tag{2.10}$$

由于投资者偏好于拥有明星基金的基金家族，那么我们可以得到：

$$E(m_0 \mid e^* = 0) = 0; E(s_0 \mid e^* = 0) = \delta A = E(\omega_0 \mid e^* = 0) \tag{2.11}$$

由（2.7）式可以计算出基金申购量的期望上升量：

$$\begin{aligned} E(\Delta s_0^g \mid e^* = 0) &= \delta[A + \beta^s E(s_0 - Aq \mid e^* = 1) + \beta^m E(m_0 \mid e^* = 0)] \\ &= \delta A \end{aligned} \tag{2.12}$$

将 (2.11) 式和 (2.12) 式代入 (2.7) 式，可以得到此种情形下的基金家族的期望效用函数：

$$U = E(\lambda \omega_0 + \alpha s_0^g \,|\, e^* = 0) = \lambda Aq + \alpha \delta A \tag{2.13}$$

总之，当下式成立时，基金家族就会进行利益输送，实施打造明星基金的策略，实现理性预期均衡（$e^* = 0$），即：

$$q \geqslant \frac{\lambda - \alpha \delta (\beta^s q - \beta^m)}{\lambda} \tag{2.14}$$

由于 $\lambda > \alpha \delta$[①]，只要基金家族面临的预期申购额增加量足够大，基金家族就会实施造星战略，进行利益输送。这主要得益于明星基金带来的溢出效应，因此，对基金家族而言，在基金之间进行利益输送，制造明星基金所带来的影响是很显著的。

---

① 只要保证 α 和 δ 足够小，就可以满足此条件。

第三章 基金家族内部利益输送动机

第一节 引 言

基金业的长远发展首先需要从制度上保护基金持有人的利益，这样才能让广大投资者放心将资产委托给基金管理者。为了从制度上更好地监管基金家族内部利益输送行为，我们首先要清楚是什么因素可能会激励基金家族进行利益输送，这样就可以使监管部门在制定监管措施时更具有针对性和有效性。因此，本章实证研究基金家族内部利益输送的动机。

中国基金家族是否存在利益输送的动机呢？我们知道，基金家族追求的最终目标是实现自身利益的最大化，即尽可能获取更多的管理费收入。那么在监管措施和法律法规不完善、惩罚机制不健全的制度背景下，基金家族出于自利的考虑，会寻求各种方法，哪怕采取违法违规行为，来实现自身利益最大化的目标。基金的收益来自管理费收入，管理费收入等于管理费率乘以基金管理的资产规模。在中国目前开放式基金基本实施固定费率制度的背景下，为了获得更多的管理费收入，基金家族就会竭力做大家族规模。而规模的增大靠的是更多资金的流入。所以，想方设法尽可能多地吸引投资者的资金流入就成为基金家族的首要目标。

国外的研究表明，基金业绩和资金流之间存在凸性关系或正相关关系。基金业绩与资金流间的凸性关系意味着基金家族宁愿拥有一只业绩好的和一只业绩差的基金，而不是两只业绩中等的基金。基金家族为了获得更多的资金流，将重点扶植业绩好的基金（Chevalier，Ellision，1997）。[1]

---

① J. Chevalier, G. Ellison, "Risk Taking by Mutual Funds as a Response to Incentives," *Journal of Political Economy*，1997，105：1167—1200.

与国外研究结论不同，国内学者近年来的相关研究文献多数发现基金短期
（季度）回报率与资金净流量之间呈现显著的负相关性，中国基金市场存
在"赎回之谜"，投资者根据基金业绩进行"逆向选择"[①]。但他们在检查
业绩与资金流关系时，所选择的业绩度量为未考虑风险的原始回报，在对
基金进行等级分类时，仅分为两组，且业绩排名是基于本期而不是前期的
业绩排名。所以，本章认为可能由于研究方法的原因导致结论不同于国
外。因此，本章试图在业绩度量和等级分类方面做得更细致，以弥补这一
缺陷，并且进一步检查基金在家族和行业中的地位对业绩与资金流的关系
的影响。

　　如果创造好的基金业绩能够吸引更多的资金流，那么基金家族就可
能将家族内低价值基金的利益输送给高价值基金，以提升高价值基金业
绩，打造明星基金，吸引更多的资金流。所以，基金业绩与资金流是否
构成凸性关系，决定了中国基金家族是否会在家族内部不同基金之间进
行利益输送，打造明星基金。Nanda，Wang 和 Zheng（2004），Khorana
和 Servaes（2004）发现基金家族如果存在业绩优秀的明星基金，则家
族内部基金存在资金溢出效应。这种溢出效应表现为不仅更多的资金流
入明星基金，而且更多的资金流入同家族的其他基金，所以这也成为基
金家族影响基金业绩的动机因素之一。针对明星基金溢出效应的研究，
国内学者也给出了不同的结论。戴晓凤和张敏文（2010）基于因子分析
法对基金业绩进行综合评价，选取两组基金，运用均值检验比较这两组
基金资金流入的差异。实证结果表明，存在明星基金的基金组资金流入
显著高于不存在明星基金的基金组资金流入，从而得出中国基金家族明
星基金溢出效应具有显著性的结论。而肖峻和石劲（2011）研究认为，
中国明星基金并不能获得超额的资金流入，不存在溢出效应，投资者并
不热衷于"追星"，这与国外研究及戴晓凤和张敏文（2010）得出的结
论明显不同。本章认为产生这种现象的原因可能是研究方法的不同，以
及基金业绩度量指标的差异。因此，本章选取不同的基金业绩指标，构
建新的实证模型对中国明星基金是否存在溢出效应进行进一步研究，以
观察结论的异同。此外，Sirri 和 Tufano（1998）发现，由于业绩优秀

---

① 参见刘志远、姚颐：《开放式基金的"赎回困惑"现象研究》，载《证券市场导报》，
2004（2）；陆蓉、陈百助、徐龙炳、谢新厚：《基金业绩与投资者的选择——中国开放
式基金赎回异常现象的研究》，载《经济研究》，2007（6）。

的基金的定义不同，得出的结论也不同，即明星基金是否会增加家族中其他基金资金流入的结论是不具有稳健性的。所以，本章考虑选用基金序数标准化后的业绩对基金进行排名，定义明星基金，来观察结论及其稳健性情况。

由于基金在中国起步较晚，基金家族的概念受到重视的程度还不够，投资者在选择投资基金时更多关注的是基金本身。从国内外现有文献研究来看，国外研究相对丰富。与国外相比，虽然中国学者对基金行业利益输送的现象比较关注，但是学者们对基金家族内部利益输送的研究还有待进一步挖掘。本章就是在借鉴国外研究方法的基础上，结合中国实际情况，主要通过实证检验中国基金业绩与资金流的关系以及明星基金溢出效应，来揭示中国基金家族是否存在利益输送的动机，希望以此来弥补现有研究的不足，为中国基金市场的建设和监管提供更为充裕的理论支持，从而使中国基金市场获得健康有序的发展。

第二节　研究设计

一、研究假设

基金管理公司的收益主要来自管理费，在国内普遍实施固定费率制的情况下，要获取更多的管理费收入，就必须吸引更多的资金流。Chevalier 和 Ellison（1997）研究认为基金历史业绩与资金流存在凸性关系，这就意味着基金家族宁愿拥有一只业绩好和一只业绩差的基金，而不是两只业绩中等的基金。基金家族为了获得更多的资金流，将重点扶植业绩好的基金。Sirri 和 Tufano（1998）、Fant 和 O'Neal（2000）研究则发现，在考虑基金在部门和家族中的地位后，基金历史业绩与资金流的凸性关系仍然存在。因此，当基金家族旗下一些基金业绩好于其他成员基金时，基金家族可能会以牺牲家族内其他基金的利益为代价来竭力维持少数基金的优秀业绩。虽然国内有研究者认为中国基金的业绩与资金流存在负相关且为凹性的关系，但是本章尝试选择与国内学者不同的方法进行检验，通过考虑基金在行业中的地位，来分析业绩与资金流的关系情况。

总之，如果良好的业绩可以吸引更多的资金流，从而可以获取更多的管理费收入，那么基金家族为了获取高额的管理费而在家族内部进行利益输送的动机也就更强。因此，检验基金业绩与资金流的凸性关系是否存在，成为验证基金家族内部是否存在利益输送动机的经验证据。为了检验基金家族好的基金业绩表现能否吸引更多的资金流，本章提出假设 H1。

假设 H1：良好的基金业绩能够吸引更多的资金流入，即业绩与资金流正相关且为凸性关系。

此外，如果基金业绩与资金流正相关且为凸性关系，再加上投资者在做投资决策时，通常选择参考基金的历史业绩表现进行投资，那么在内外部监管和法律法规不健全的背景下，基金家族会更倾向于维持当期业绩表现优良的基金在以后时期也有优秀的业绩表现，以此来谋求投资者的关注，基金家族就存在制造明星基金的动机。也有实证研究表明同一家族内基金成员的资金流存在相互依赖，它们之间存在很强的横截面相关性。Nanda，Wang 和 Zheng（2004），Khorana 和 Servaes（2004）发现，基金家族如果存在业绩优秀的基金，则家族内部基金存在资金溢出效应。如果明星基金存在溢出效应，那么这种溢出效应表现为不仅使更多的资金流入明星基金自身，而且更多资金也会流入同家族的其他基金，这样基金家族通过打造明星基金就可以获得更多的资金流，更意味着可以获得更多的管理费收入。因此，基金资金流之间的横截面相关性能以非线性的趋势增加家族总的资金流入，这也成为基金家族影响基金业绩的动机因素之一，诱导和刺激基金家族进行利益输送的效果也会更明显。考虑到国内学者就明星基金是否存在溢出效应的结论存在分歧，且导致结论不同的原因可能是研究方法和业绩指标选取的不同，本章参考国外的研究方法，选取更具代表性的业绩指标进行研究。为了检验明星基金是否存在溢出效应，本章提出假设 H2 和 H3。

假设 H2：明星基金可以为其自身及家族内的非明星基金吸引更多的资金流。

假设 H3：明星基金可以为其所属的家族吸引更多的资金流，即明星基金存在显著的正向溢出效应。

二、样本选取及数据来源

本章选取开放式偏股型基金（股票型①、混合型②）作为研究样本，

---

① 股票型基金是指 60% 以上的基金资产投资于股票的基金。
② 混合型基金是指在投资组合中既有成长型股票、收益型股票，又有债券等固定收益投资的共同基金。

样本区间为 2007 年第一季度至 2012 年第四季度，共 6 年 24 个季度。经过剔除旗下基金数量少于 3 只的基金管理公司、指数型基金和部分数据不全的基金后，最终形成时间序列长度为 24（季度）、截面成员数量最大分别为 58（家基金管理公司）和 364（只基金）的非平衡面板数据集合。本章之所以选取偏股型基金作为研究对象，主要是考虑到目前中国基金市场中开放式偏股型基金的数量所占比例最高，最具代表性。本章所选取的样本基金的相关数据来自国泰安数据库和色诺芬数据库，部分数据来自基金季报、半年报和年报。

三、业绩变量

1. 净值收益率与资金流量

$$r_{i,t} = \frac{P_{i,t} + \varphi_i - P_{i,t-1}}{P_{i,t-1}} \tag{3.1}$$

$$r_{f,t} = \frac{\sum_{i=1}^{n} r_{i,t} TNA_{i,t}}{\sum_{i=1}^{n} TNA_{i,t}} \tag{3.2}$$

其中，$r_{i,t}$ 表示第 i 只基金第 t 季度的净值收益率，$P_{i,t}$ 和 $P_{i,t-1}$ 分别表示第 i 只基金第 t 期和第 $t-1$ 期的净值，φ_i 表示第 i 只基金当期分红。$r_{f,t}$ 为基金家族 f 在第 t 季度的净值收益率，可由旗下所有基金成员的净值收益率 $r_{i,t}$ 通过加权平均计算得出。$TNA_{i,t}$ 是基金家族旗下第 i 只基金第 t 季度的总资产净值。

对于基金家族的每只基金，资金净流入是剔除基金收益影响的净值总额的变化，那么对于第 i 只基金第 t 季度的净资金流可以定义为：

$$Newmoney_{i,t} = TNA_{i,t} - TNA_{i,t-1}(1 + r_{i,t}) \tag{3.3}$$

根据每季度初的 TNA 值对新资金流进行标准化，可以得到资金流的增长率：

$$Flow_{i,t} = \frac{Newmoney_{i,t}}{TNA_{i,t-1}} \tag{3.4}$$

对于基金家族 f 而言，家族的第 t 季度的净资金流和净资金流的增长率可以表示为：

$$Newmoney_{f,t} = \sum_{i=1}^{n} Newmoney_{i,t} \qquad (3.5)$$

$$Flow_{f,t} = \frac{Newmoney_{f,t}}{\sum_{i=1}^{n} TNA_{i,t-1}} \qquad (3.6)$$

需要说明的是（3.4）式隐含地假定了基金新增资金在季度末期流入，分红全部再投资，并忽略了因基金投资所获收益带来的净值增长，可见如此定义的 $Flow_{i,t}$ 是一个相对保守的指标。

2. 特雷诺指数

特雷诺指数是由特雷诺（Treynor，1965）提出的，调整的是系统风险而不是全部风险。特雷诺指数给出了基金份额系统风险的超额收益率。用公式表示为：

$$T_{i,t} = \frac{r_{i,t} - r_{f,t}}{\beta_{i,t}} \qquad (3.7)$$

其中，$r_{i,t}$ 表示 i 基金在第 t 季度的平均收益率，$r_{f,t}$ 表示第 t 季度的平均无风险利率，$\beta_{i,t}$ 为 i 基金在第 t 季度的系统风险，$T_{i,t}$ 表示 i 基金在第 t 季度的特雷诺指数。计算每只基金的 $T_{i,t}$ 值，与市场基准组合的 t 值相比较，根据 $T_{i,t}$ 对基金业绩进行排序，$T_{i,t}$ 值越大，表明基金的实际业绩越好；反之，则业绩越差。

基金家族的特雷诺指数 $T_{f,t}$ 可以通过加权平均得出，表示为：

$$T_{f,t} = \frac{\sum_{i=1}^{n} T_{i,t} TNA_{i,t}}{\sum_{i=1}^{n} TNA_{i,t}} \qquad (3.8)$$

3. 夏普指数

夏普（Sharpe）指数，又称变动回报率（reward-to-variability ratio），由美国经济学家夏普提出。夏普指数调整的是全部风险，既考虑了系统性风险，也考虑了非系统性风险。它采用单位总风险所获得的超额收益率来评价基金的业绩，定义为：

$$S_{i,t} = \frac{r_{i,t} - r_{f,t}}{\sigma_{i,t}} \qquad (3.9)$$

其中，$r_{i,t}$ 表示 i 基金在第 t 季度的平均收益率，$r_{f,t}$ 表示第 t 季度的平均无风险利率，$\sigma_{i,t}$ 为 i 基金在第 t 季度的季化标准差，$S_{i,t}$ 即表示基金 i 在第 t 季度的夏普指数。夏普指数是以资本市场线 CML 为基准来评价基金业绩的，度量单位总风险所带来的超额回报。计算每只基金的 $S_{i,t}$ 值，与市场基准组合的 S 值相比较，$S_{i,t}$ 值越大，表明基金的实际业绩越好；反之，则业绩越差。

同理可以推导出基金家族的夏普指数 $S_{f,t}$，用公式表示为：

$$S_{f,t} = \frac{\sum_{i=1}^{n} S_{i,t} TNA_{i,t}}{\sum_{i=1}^{n} TNA_{i,t}} \tag{3.10}$$

四、模型及变量说明

1. 假设 H1 模型及变量说明

我们在控制可能影响资金流的因素后，系统检查基金业绩与资金流的关系。已有研究发现业绩与资金流存在非线性关系，因此我们采用分段回归方法来检验基金业绩在市场（行业）中处于不同等级时业绩与资金流的非线性关系。为检验假设 H1，模型如下：

$$\begin{aligned}
Flow_{i,t} = & \alpha + \beta_1 LOW(Seg)_{i,t-1} + \beta_2 MID(Seg)_{i,t-1} \\
& + \beta_3 TOP(Seg)_{i,t-1} + \gamma_1 STD_{i,t-1} + \gamma_2 \ln TNA(Fund)_{i,t-1} \\
& + \gamma_3 \ln TNA(Fam)_{i,t-1} + \gamma_4 Dividend_{i,t-1} \\
& + \gamma_5 Num\_dividend_{i,t-1} + \gamma_6 \ln Age(Fund)_{i,t-1} \\
& + \sum_{j=1}^{4} \delta_j YearDummy(j)_{i,t} + \varepsilon_{i,t}
\end{aligned} \tag{3.11}$$

我们分别采用基金净值收益率、夏普指数和特雷诺指数经过标准化后的序数业绩作为业绩度量。其中，i 表示基金，t 表示季度。参考国外文献普遍采用的方法，本章选取基金资金流的增长率（$Flow_{i,t}$）作为被解释变量。为检查基金在市场中的地位对其资金流的影响，将所有样本基金按照标准化后的业绩排名分为三个等级，基金业绩位于市场中最末 20% 的定义为最低等级，位于 20% 至 80% 之间的定义为中等，位于前 20% 的定义为最高等级。基金在市场中所处的低、中、高等级则为解释变量，其余变量则为控制变量，说明如下：$RANKLOW(Seg)_{i,t-1}$、$MID(Seg)_{i,t-1}$、$TOP(Seg)_{i,t-1}$，分别表示基金在市场中所处的等级。其中，$LOW(Seg)_{i,t-1} \equiv \min(RANK_{i,t-1}^{perf}, 0.2)$；$MID(Seg)_{i,t-1} \equiv \min(RANK_{i,t-1}^{perf} - LOW(Seg)_{i,t-1}, 0.6)$；$TOP(Seg)_{i,t-1} \equiv \min(RANK_{i,t-1}^{perf} - LOW(Seg)_{i,t-1} - MID(Seg)_{i,t-1}, 0.2)$。通过实证检验观察各等级变量的系数的显著性来判断基金业绩与资金流的关系。

$STD_{i,t-1}$：表示基金风险。经典金融理论表明，资产风险的大小能够影响投资者的投资行为。与 Sirri 等（1998）等研究类似，采用样本年度季度回报标准差来度量基金投资风险。

$lnTNA(Fund)_{i,t-1}$：表示基金规模。Chevalier 等（1997）、Sirri 和 Tufano(1998) 等研究发现基金规模与资金流负相关。为了控制基金规模差异对资金净流量的影响，本章选取基金规模（取值为样本基金资产与全部样本基金平均资产比率的对数）作为控制变量。

$lnTNA(Fam)_{i,t-1}$：表示基金家族资产规模。基金家族规模大小可能影响投资者对其旗下基金的关注程度，进而影响投资者的选择。Sirri 和 Tufano（1998）等人均发现大型基金家族旗下基金能够吸引更多的资金流入。因此，我们将基金家族规模［取值该基金所在家族净资产（TNA）相对全部样本基金家族净资产平均数的自然对数］纳入控制变量。

$Dividend_{i,t-1}$ 和 $Num\_dividend_{i,t-1}$：表示基金分红总额和分红频率。考虑到国内各基金的红利分配额度和次数存在较大差异，投资者可能更愿意选择历史分红率高的基金。陆蓉等（2007）研究发现基金历史分红行为会影响投资者的选择，为此，本章亦将基金分红总额和分红频率纳入控制变量。

$lnAge(Fund)_{i,t-1}$：表示基金成立的时间。Chevalier 等(1997) 研究发现年轻基金的资金流量对历史业绩的反应比老基金更敏感，Bergstresser等（2002）则研究发现基金的年龄跟净值增长呈负相关。为了控制基金年龄的差异对基金资金流量的影响，我们把基金年龄纳入控制变量。由于本章研究的样本期较短，划分基金成立时间的长短以季度为单位，用截至基金上季末成立以来的季度数的自然对数表示。

$\sum_{j=1}^{4}\delta_j YearDummy(j)_{i,t}$：表示年度哑变量，用来控制时间固定效应的影响。

另外，还需要说明的是，本章没有把国外文献研究中常见的费率水平纳入控制变量，主要是因为本章的样本限于开放式的偏股型基金，在国内这类基金的申赎费用率以及管费用率等基本相同，最高申购费用率大多为 1.5%，最高赎回费用率大多为 0.5%，管理费用率则大多为 1.5% 或 1.2%，即中国的费率制度缺乏弹性。

2. 假设 H2 模型及变量说明

为检验明星基金能否为其自身及家族内的非明星基金吸引更多的资金

流，亦即产生正向溢出效应，本章构建如下模型来检验假设 H2：

$$
\begin{aligned}
Flow_{i,t} = {} & \alpha + \beta_1 StarFundDummy_{i,t-1} \\
& + \beta_2 (NSFD \times SameFamily)_{i,t-1} \\
& + \beta_3 DogFundDummy_{i,t-1} + \gamma_1 STD_{i,t-1} \\
& + \gamma_2 \ln TNA(Fund)_{i,t-1} + \gamma_3 \ln TNA(Fam)_{i,t-1} \\
& + \gamma_4 Dividend_{i,t-1} + \gamma_5 Num\_dividend_{i,t-1} \\
& + \gamma_6 \ln Age(Fund)_{i,t-1} + \sum_{j=1}^{4} \delta_j YearDummy(j)_{i,t} \\
& + \varepsilon_{i,t}
\end{aligned}
\tag{3.12}
$$

其中，i 表示基金，t 表示季度；选取基金资金流的增长率（$Flow_{i,t}$）作为被解释变量，该指标可以衡量剔除每个季度净值自然增长的单个基金资金净流入的变化。本章也选取了一系列的解释变量和控制变量，具体说明如下：

$StarFundDummy_{i,t-1}$ 和 $DogFundDummy_{i,t-1}$：为解释变量，分别表示明星基金和蹩脚基金（dog fund）。我们把业绩排名居前 20% 和后 20% 的开放式偏股型基金分别定义为明星基金和蹩脚基金。二者均为哑变量，若基金为明星基金，则取值为 1，否则为 0；蹩脚基金的定义与之类似。如果明星基金变量的系数显著为正，则证明存在正向溢出效应；如果蹩脚基金变量的系数为负，则证明蹩脚基金有负向溢出效应。利益输送是否发生将取决于明星基金正的溢出效应能否抵消蹩脚基金负的溢出效应；反之，则不能证明。

$(NSFD \times SameFamily)_{i,t-1}$：为解释变量，表示与明星基金同属一个家族的非明星基金，用哑变量 $NSFD$（非明星基金）和 $SameFamily$ 二者的交乘积项来表示，也为哑变量，若样本基金为非明星基金且与明星基金同属一个家族，则其值取为 1，反之为 0。若系数为正，则说明明星基金能为家族内非明星基金吸引更多的资金流，即存在正向的溢出效应。反之，则不能证明。

其余变量的定义与模型（3.11）一致。

3. 假设 H3 模型及变量说明

为检验明星基金是否能够给所属的基金家族带来更多的资金流，亦即产生正向溢出效应，本章构建如下模型来检验假设 H3：

$$
Flow_{f,t} = \alpha + \beta_1 StarFamilyDummy_{f,t-1}
$$

$$+\beta_2 DogFamilyDummy_{f,t-1} + \gamma_1 PastPerformance_{f,t-1}$$
$$+\gamma_2 \ln TNA(Fam)_{f,t-1} + \gamma_3 NumberofFunds_{f,t}$$
$$+\gamma_4 \ln Age(Fam)_{f,t-1} + \sum_{j=1}^{4} \delta_j YearDummy(j)_{f,t}$$
$$+\varepsilon_{f,t} \tag{3.13}$$

其中，f 表示基金家族，t 表示季度；本章选取基金家族资金流的增长率（$Flow_{f,t}$）作为被解释变量；$StarFamilyDummy_{f,t-1}$ 和 $DogFamilyDummy_{f,t-1}$ 为解释变量；$NumberofFunds_{f,t}$、$\ln TNA(Fam)_{f,t-1}$、$\ln Age(Fam)_{f,t-1}$、$\sum_{j=1}^{4}\delta_j YearDummy(j)_{f,t}$ 均为控制变量，其定义与模型（3.11）一致。控制变量 $PastPerformance_{f,t-1}$ 表示基金历史业绩，同样分别采用基金净值收益率、夏普指数和特雷诺指数度量的基金业绩经过序数标准化为 0—1 后的业绩代替。之所以把过去的基金收益作为控制变量，是因为考虑到投资者对基金产品的偏好可能在一定的时间内会有持续性。而模型（3.11）和（3.12）没有放入，是因为模型的解释变量本身就是（序数化的）业绩。

解释变量定义如下：$StarFamilyDummy_{f,t-1}$ 和 $DogFamilyDummy_{f,t-1}$，分别表示明星基金家族和蹩脚基金家族。我们把业绩排名居前 20% 和后 20% 的开放式偏股型基金分别定义为明星基金和蹩脚基金。把拥有至少一只明星基金的家族定义为明星基金家族，拥有至少一只蹩脚基金但没有明星基金的家族定义为蹩脚基金家族，二者均为哑变量，若基金家族 f 在 i 季度为明星基金家族，则取值为 1，反之为 0；蹩脚基金家族定义与之相同。如果 $StarFamilyDummy_{f,t-1}$ 的系数显著为正，则表明有正的溢出效应。如果 $DogFamilyDummy_{f,t-1}$ 的系数显著为负，说明蹩脚基金有负的溢出效应。而基金家族进行利益输送，在打造明星基金的同时也可能形成蹩脚基金。因此，利益输送是否发生将取决于明星基金正的溢出效应能否抵消蹩脚基金负的溢出效应。

第三节　实证研究

一、描述性统计

为了对样本基金及家族情况做进一步的了解，本章对样本期内样本基金及家族的主要特征数据进行简单的描述性统计。

　　从表3—1和表3—2中可以看出，基金及基金家族的资金流量整体上呈现出流入的趋势，这与中国近年来超常规发展机构投资者的战略是相符的。在年龄上，单只基金和基金家族平均都拥有3年以上和6年以上的设立期。另外，基金家族旗下平均拥有11.35只的基金。基金及基金家族的资金流量波动性较大，由此可能会给股票市场的稳定性带来影响。以上数据充分表明，近几年来中国基金业尤其是开放式基金业，无论是在数量上还是在质量上都有了飞速的发展。

表3—1　　　　　　　　　　　样本基金特征的描述性统计

	观测数	平均值	标准差	最小值	最大值
$Flow$（%）	5 992	0.04	0.61	−0.76	18.53
$\ln TNA$（$Fund$）	5 989	0.15	1.40	−7.54	4.52
STD	5 992	0.06	0.04	0.00	0.23
$Dividend$（元/份）	5 992	0.65	0.72	0.00	3.78
$Num\_dividend$	5 992	3.58	3.64	0.00	26.00
Age	5 992	15.32	8.14	4.00	45.00

　　说明：基金规模是经过取自然对数后的统计描述；基金年龄是指基金成立以来的季度数。

表3—2　　　　　　　　　　样本基金家族特征的描述性统计

	观测数	平均值	标准差	最小值	最大值
$Flow$（%）	1 367	0.25	0.65	−0.62	41.82
$\ln TNA$（Fam）	1 367	5.27	1.27	−0.05	7.85
$Number of Fund$	1 355	11.35	8.09	1.00	48.00
Age（Fam）	1 367	27.48	12.65	2.18	60.17

　　说明：家族规模是经过取自然对数后的统计描述；家族年龄是指基金家族成立以来的季度数；基金数量包括开放式基金和封闭式基金。

　　从表3—3、表3—4中各年度基金业绩描述性统计来看，首先，2007年度基金各种业绩指标的均值、最大值以及最小值中的绝大部分都较高；其次，对比2008年与2007年的业绩可知，业绩的最大值、最小值和均值都有明显下降，说明基金业绩出现整体大幅下滑，主要原因可能是受全球金融危机的影响；最后，与前两年相比，2009年基金业绩的最大值、最小值和均值都有所提高，表明经济趋势有所好转。而2010年基金业绩又出现下滑的迹象，说明后金融危机时代基金业绩还不稳定。基金家族业绩也有类似的特征。

表 3—3 样本基金年度业绩描述性统计

年度		2007	2008	2009	2010	2011	2012
样本数		154	198	252	281	346	364
净值 收益率	最大值	0.49	0.85	1.15	0.71	0.43	0.29
	最小值	0.22	−0.66	−0.48	−0.36	−0.40	−0.38
	均值	1.49	−0.17	0.25	0.11	−0.04	−0.09
	标准差	0.46	0.38	0.35	0.17	0.16	0.12
特雷 诺指数	最大值	0.46	0.46	0.24	0.16	0.16	0.34
	最小值	0.12	−0.03	−0.02	−0.09	−0.01	−0.01
	均值	0.24	0.02	0.05	0.02	−0.02	−0.03
	标准差	0.01	0.02	0.01	0.04	0.05	0.03
夏普 指数	最大值	0.81	0.31	0.45	0.36	0.26	0.36
	最小值	0.23	−0.37	−0.22	−0.23	−0.40	−0.36
	均值	0.46	−0.11	0.11	0.05	−0.07	−0.10
	标准差	0.09	0.20	0.15	0.09	0.15	0.10

表 3—4 样本基金家族年度业绩描述性统计

年度		2007	2008	2009	2010	2011	2012
样本数		37	41	41	45	53	58
净值 收益率	最大值	0.33	−0.01	0.36	0.22	0.12	0.21
	最小值	0.32	−0.24	0.17	0	0.01	−0.03
	均值	0.53	−0.14	0.28	0.06	0.04	0.08
	标准差	0.09	0.05	0.03	0.03	0.02	0.06
特雷 诺指数	最大值	0.93	−0.02	0.39	0.23	0.23	0.16
	最小值	0.27	−0.29	0.23	0.01	0.01	−0.09
	均值	0.66	−0.19	0.31	0.13	0.13	0.09
	标准差	0.12	0.06	0.04	0.05	0.05	0.04
夏普 指数	最大值	0.49	−0.01	0.23	0.12	0.12	0.26
	最小值	0.24	−0.1	0.12	0.01	0.01	−0.03
	均值	0.39	−0.07	0.18	0.06	0.06	0.05
	标准差	0.05	0.02	0.02	0.02	0.02	0.09

二、实证检验及结果分析

本章选取的实证模型均为非平衡面板回归模型。运用 Stata 计量分析软件对模型中的资金流量、业绩等变量进行了 Fisher-ADF 检验，其结果都显著拒绝了含有单位根的假设，说明模型中资金流量、业绩等变量不存在有单位根驱动的随机趋势，不存在伪回归现象。根据 F 检验和 Hausman 检验结果，本章最终确定采用个体固定效应回归模型。除此之外，我们知道，由于面板数据同时兼顾了截面数据和时间序列的特征，所以面板数据往往容易存在异方差和序列相关问题，我们采用 Stata 软件的 xtscc 命令进行计量分析以纠正固定效应模型异方差和自相关问题。检验结果如表 3—5 至表 3—7 所示。

（一）假设 H1 的检验结果

运用模型（3.11）对假设 H1 进行检验，结果如表 3—5 所示。

表 3—5　　　　　　　　　　　假设 H1 检验结果

变量	业绩度量指标		
	净值收益率	特雷诺指数	夏普指数
LOW（Seg）	0.035（0.260）	0.200（0.712）	0.114（0.582）
MID（Seg）	0.100**（2.351）	0.041（1.588）	0.051**（2.561）
TOP（Seg）	0.494***（2.949）	0.555***（3.407）	0.494***（5.089）
STD	0.029（0.100）	−0.028（−0.094）	−0.025（−0.084）
$\ln TNA$（$Fund$）	−0.024***（−2.652）	−0.024***（−2.726）	−0.024***（−2.699）
$\ln TNA$（Fam）	−0.015（−1.080）	−0.015（−1.087）	−0.015（−1.090）
$Dividend$	0.090（1.322）	0.096（1.350）	0.097（1.370）
$Num\_dividend$	0.008（1.101）	0.007（1.048）	0.007（0.982）
$\ln Age$（$Fund$）	−0.013（−0.568）	−0.014（−0.569）	−0.013（−0.561）
$\sum_{j=1}^{4}\delta_j YearDummy$（$j$）	有控制	有控制	有控制
常数项	1.021***（3.490）	1.005***（3.518）	0.992***（3.531）
调整 R^2	0.07	0.067	0.068
样本数	5 515	5 515	5 515

说明：括号内是 t 统计值，*、**、*** 分别表示在10%、5%、1%的水平上显著，本书其余各表同。

1. 我们分别按照三种业绩指标将样本基金分为低中高三组，并进行分段回归。回归结果显示，在三种业绩指标下，TOP（Seg）组的系数均显著为正且大于 MID（Seg）和 LOW（Seg）组，MID（Seg）组的系数也均显著大于 LOW（Seg）组，LOW（Seg）组的系数则都不显著。这说明基金业绩越好，所带来的资金流越多，即基金业绩与资金流呈正相关关系。这种关系是非线性的，与陆蓉和陈百助等（2007）研究得出的中国开放式基金业绩与资金流呈负相关且为凹性关系的结论不同。原因可能是本章选取业绩度量指标时考虑了风险因素，并且在对基金进行等级分类时，分为三组，且收益排名基于前期，而不是本期的收益排名。实证结果显示业绩与资金流呈正相关，即基金业绩与资金流呈正相关且为非线性关系，业绩好的基金能够吸引更多的资金流。另外，从实证结果中可以发现，LOW（Seg）组的系数虽不显著但仍然为正，说明业绩差的基金并没有引起大量资金额赎回。因此，基金家族为了获得更多的资金流入，就更有可能存在打造明星基金的动机，以牺牲业绩差基金的利益为代价，通过利益输送来打造明星基金。可见，正是业绩与资金流这种关系的存在，使得基金家族进行利益输送的动机变得更强。实证检验结果表明假设 H1 成立。

2. 基金的前期分红总额、分红频率及基金年龄作为控制变量，对基金资金流的影响并不显著。另外，从表 3—5 中我们得知，控制变量 lnTNA（Fund）的系数在三种业绩度量标准下，均在 1% 的水平上显著为负，说明基金规模对基金资金流量产生显著负影响，这与肖峻和石劲（2011）、Sirri 和 Tufano（1998）、Kempf 和 Ruenzi（2004）等的研究结论类似。这说明大基金规模对资产成长性的影响相对小于小型基金。然而 lnTNA（Fam）的系数并不显著，表明基金投资者更加对基金家族规模大小没有差异显著的偏好。与 Sirri 和 Tufano（1998）等研究发现基金回报标准差与资金流负相关不同，表 3—5 中标准差 STD 的系数不显著，表明中国基金投资者的风险偏好并不是表现为典型的风险厌恶，他们更加注重基金的回报。

（二）假设 H2 的检验结果

运用模型（3.12）对假设 H2 进行检验，结果如表 3—6 所示。

表 3—6　　　　　　　　　　　假设 H2 检验结果

变量	业绩度量指标		
	净值收益率	夏普指数	特雷诺指数
StarFundDummy	0.067*** (5.176)	0.059*** (4.882)	0.065*** (4.353)
NSFD×SameFamily	0.017*** (2.977)	0.014* (1.850)	0.017 (1.508)
DogFundDummy	−0.019 (−1.540)	−0.014 (−1.422)	−0.017 (−1.534)
STD	0.12 (1.01)	0.15 (1.16)	0.16 (1.24)
lnTNA（Fund）	−0.020*** (−3.063)	−0.020*** (−3.050)	−0.021*** (−3.009)
lnTNA（Fam）	−0.004 (−0.759)	−0.003 (−0.650)	−0.004 (−0.718)
Dividend	0.010 (1.066)	0.010 (1.074)	0.010 (1.066)
Num_dividend	0.012 (0.683)	0.012 (0.691)	0.009 (0.554)
lnAge（Fund）	−0.005 (−0.289)	−0.005 (−0.290)	−0.005 (−0.284)
$\sum_{j=1}^{4} \delta_j YearDummy\ (j)$	有控制	有控制	有控制

续前表

变量	业绩度量指标		
	净值收益率	夏普指数	特雷诺指数
常数项	0.796***（4.888）	0.800***（4.810）	0.816***（4.693）
调整 R^2	0.076	0.074	0.075
样本数	5 515	5 515	5 515

说明：解释变量为按基金滞后季度序数业绩（包括净值收益率、特雷诺指数和夏普指数）排名前 20% 和后 20% 划分的明星基金和蹩脚基金，以及和明星基金属同一家族的非明星基金。被解释变量为基金家族当季资金流量。

1. 由表 3—6 的回归结果可知，对于三个业绩指标，解释变量明星基金（StarFundDummy）的系数均在 1% 的水平上显著为正，说明明星基金能够给自身带来更多的资金流入。非明星基金（NSFD×SameFamily）的系数为正，净值收益率、夏普指数显著，说明明星基金还能给家族内的其他基金成员带来正的溢出效应。基金家族中拥有明星基金，投资者会同时申购明星基金家族内的其他非明星基金，从而可为基金家族带来更多的管理费收入。这与张婷（2010）和饶育蕾等（2010）的研究结论相同。另外，蹩脚基金（DogFundDummy）系数为负，但并不显著，表明蹩脚基金不存在显著的负向溢出效应，并不影响基金自身及其家族内其他基金的资金流动，即使某些投资者因为购买了蹩脚基金而受损，对家族内的其他成员基金的投资额的影响也不显著。实证检验结果表明假设 H2 成立。

2. 基金规模变量 [lnTNA（Fund）] 显著为负，基金的前期分红总额、分红频率及基金年龄等控制变量都不显著，结果与假设 H1 一致。

（三）假设 H3 的检验结果

运用模型（3.13）对假设 H3 进行了检验，结果如表 3—7 所示。

表 3—7 假设 H3 检验结果

变量	业绩度量指标		
	净值收益率	夏普指数	特雷诺指数
StarFamilyDummy	0.558***（11.108）	0.509***（10.086）	0.465***（9.583）
DogFamilyDummy	−0.035（−1.635）	−0.018（−0.717）	−0.022（−0.971）
PastPerformance	0.262***（5.576）	0.120***（2.731）	0.125***（3.114）
lnTNA（Fam）	−0.023（−1.284）	−0.020（−0.920）	−0.025（−1.147）
NumberofFunds	−0.018（−0.585）	−0.017（−0.379）	−0.010（−0.212）
lnAge（Fam）	0.046（0.996）	0.041（0.777）	0.033（0.592）

续前表

变量	业绩度量指标		
	净值收益率	夏普指数	特雷诺指数
$\sum_{j=1}^{4} \delta_j YearDummy\ (j)$	有控制	有控制	有控制
常数项	−0.121（−0.933）	−0.077（−0.526）	−0.047（−0.301）
调整 R^2	0.399	0.340	0.306
样本数	1 266	1 266	1 266

说明：被解释变量为基金家族当季资金流量。

1. 在三种业绩度量指标下，解释变量明星基金家族（*StarFamily-Dummy*）的系数均为正，且在 1% 的水平上显著；蹩脚基金家族（*Dog-FamilyDummy*）的系数为负，但不显著。这表明拥有明星基金可以为其所属家族带来资金流的增加，明星基金对整个家族产生了正向溢出效应，假设 H3 成立。由假设 H2 和 H3 的实证检验结论可知，明星基金具有显著的正向溢出效应，基金家族就会有动力去打造明星基金，对利益输送的动机也就更显著。

2. 由表 3—6 和表 3—7 可知，明星基金存在显著的正向溢出效应，说明基金及其基金家族资金流动的非对称性。基于此，基金家族为了获得更多的资金流入，采取"造星"策略的热情有增不减，在家族内高低价值基金之间选择不同的方式进行利益输送。而打造明星基金过程中所可能出现的不公平的利益输送行为，会增大家族旗下其他成员基金成为蹩脚基金的可能性。因此，由 *StarFundDummy* 和 *DogFundDummy* 及 *StarFamilyDummy* 和 *DogFamilyDummy* 的参数值及其显著性可知，一方面，明星基金可以增加其自身和家族内其他成员及所属家族的资金流入；另一方面，打造明星基金的同时，在家族旗下可能产生蹩脚基金，但这些蹩脚基金并没有造成明显的家族资金流出，即家族内业绩较差的基金并未被投资者明显赎回，从而有效地逃避了应有的"惩罚"。所以，中国基金家族选择打造明星基金的战略有利于家族整体收益的提高。

3. 表 3—7 中还给出了基金家族资金流与控制变量家族历史业绩（*PastPerformance*）、家族规模［ln*TNA*（*Fam*）］、家族基金数量（*NumberofFunds*）和家族年龄［ln*Age*（*Fam*）］的关系。回归结果显示，家族历史业绩的系数均在 1% 的水平上显著为正，这说明投资者往往以基金家族为单位，参考基金家族历史业绩做出投资决策，基金家族能够为投资者提供不同投资策略、理念和风格的基金产品，且投资者往往将资金连续、分散地投资于基金家族中的几只基金，从而达到投资风险分散化、投资工具多元化、投资效用最大化的目标。家族规模、家族基金数量、家族年龄系数均不显著。这说明，投资者在选择基金家族进行投资时，只关注基金家族历史业绩。

三、稳健性检验

从上文的实证检验部分可以发现，我们分别选取了净值收益率、特雷诺指数和夏普指数作为基金及基金家族业绩度量指标，从实证结果来看，三种业绩变量指标显著提高了本章结论的可靠性和稳健性。另外，为了使本章的结论更具说服力，我们进一步选取如下方法进行稳健性检验。

考虑到基金（家族）的历史业绩或资金流可能会对当期业绩或资金流产生影响，我们在假设 H1 模型、假设 H2 模型及假设 H3 模型中分别加入滞后一期的因变量 $Flow_{i,t-1}$、$Flow_{f,t-1}$ 作为解释变量之一，构建为动态效应面板回归模型进行稳健性检验。为了解决动态效应面板模型中解释变量可能存在的内生性问题，本章采用 Stata 软件中的 xtabond2 命令对模型进行两阶段系统广义矩（Two-Step System-GMM）估计。另外，为了简化表格内容，本章将模型中的控制变量均用 $Controls$ 表示。结果如表 3—8 至表 3—10 所示。

从表中还可以发现，动态模型中加入滞后因变量 $Flow_{i,t-1}$、$Flow_{f,t-1}$ 作为解释变量回归后，其系数较小且不显著，说明动态效应面板模型并不优于固定效应模型。而原来的解释变量的系数均未发生变化，充分表明本章的结论具有很好的稳健性，且模型设定是有效的。

表 3—8　　　　　　　假设 H1 动态面板模型稳健性检验结果

变量	业绩度量指标		
	净值收益率	夏普指数	特雷诺指数
$Flow_{i,t-1}$	−0.011（−1.291）	−0.009（−1.048）	−0.009（−1.106）
LOW（Seg）	0.043（0.305）	0.042（0.294）	0.132（0.944）
MID（Seg）	0.102***（3.043）	0.053（1.562）	0.044（1.301）
TOP（Seg）	0.351**（2.527）	0.433***（3.109）	0.519***（3.682）
$Controls$	有控制	有控制	有控制
样本数	5 515	5 515	5 515
调整 R^2	0.070	0.067	0.068

表 3—9　　　　假设 H2 动态面板模型稳健性检验结果

变量	业绩度量指标		
	净值收益率	夏普指数	特雷诺指数
$Flow_{i,t-1}$	0.008 (1.086)	0.009 (1.207)	0.009 (1.137)
$StarFundDummy$	0.048*** (3.834)	0.046*** (3.643)	0.045*** (2.982)
$NSFD \times SameFamily$	0.021** (1.979)	0.018* (1.686)	0.020* (1.817)
$DogFundDummy$	−0.015 (−1.308)	−0.004 (−0.345)	−0.041 (−0.941)
$Controls$	有控制	有控制	有控制
样本数	5 515	5 515	5 515
调整 R^2	0.076	0.074	0.075

表 3—10　　　　假设 H3 动态面板模型稳健性检验结果

变量	业绩度量指标		
	净值收益率	夏普指数	特雷诺指数
$Flow_{f,t-1}$	−0.011 (−0.533)	0.003 (0.140)	0.005 (0.249)
$StarFamilyDummy$	0.552*** (22.401)	0.504*** (20.244)	0.453*** (17.940)
$DogFamilyDummy$	−0.021 (−0.836)	0.006 (0.225)	−0.024 (−0.896)
$Controls$	有控制	有控制	有控制
样本数	1 266	1 266	1 266
调整 R^2	0.409	0.350	0.316

作为对明星基金溢出效应的一个稳健性检验，参考 Nanda 等（2004）等的研究方法，对明星基金重新进行定义，即业绩序数排名前（后）10％的基金定义为明星（蹩脚）基金，对假设 H2 和 H3 模型进行稳健性检验，检验结果是稳健的（为节省篇幅，没有报告）。这表明，按不同的业绩标准定义明星基金并不影响本章的结论，即中国基金市场存在明星基金溢出效应的结论。

本节对基金家族利益输送的动机进行了实证检验，实证结果显示，基金家族业绩与资金流正相关且为非线性关系，明星基金存在显著的正向溢出效应，这就充分表明基金家族进行利益输送的动机是存在的，均对基金家族利益输送行为的发生产生正向影响。最后通过稳健性检验可知，本章结论具有很好的稳健性。

第四节　结　论

本章从基金家族内部利益输送的概念界定出发，结合中国基金家族及其成员基金的治理结构的现状，对中国基金家族内部是否存在着利益输送的动机进行了实证检验，得到如下结论：

1. 在中国基金市场中，用净值收益率、特雷诺指数或夏普指数对基金进行业绩度量，并按照序数业绩排名进行分段回归，回归结果表明基金业绩与资金流呈正相关关系，并且这种关系是非线性的。这与陆蓉等（2007）研究得出的与国外投资者相比，中国开放式基金的赎回行为中存在非理性的现象，即"赎回之谜"的结论不同。另外，从两个角度对明星基金进行实证检验表明，明星基金不仅能够为其自身及家族内其他成员基金带来资金流入的增加，还可以为整个基金家族带来资金流入的增加，即明星基金存在显著的溢出效应。

2. 基金家族追求的最终目标是实现自身利益的最大化，即尽可能获取更多的管理费收入。研究发现，基金家族为了获得更多的管理费收入，需要吸引更多的资金流入，基金家族就会想方设法尽可能多地去吸引投资者的投资，又因为基金业绩与资金流呈非线性的正相关关系，即好的基金业绩能够吸引更多的资金流，那么基金家族只要能够创造好的基金业绩，想收取更多管理费的目的也就不难实现了。这样来看，在监管措施和法律法规不完善、惩罚机制不健全的制度背景下，基金家族出于自利，会寻求各种方法，哪怕采取违法违规行为，来实现自身利益最大化的目标。也就是说，基金家族可能会采取利益输送的方式打造好的基金业绩以吸引更多资金流入，获取高额管理费收入。那么，业绩与资金流正相关关系的存在无疑是对基金家族实施利益输送行为的激励。从这个角度来讲，基金家族利益输送的动机是存在的。另外，也是因为基金业绩与资金流正相关关系的存在，基金家族打造明星基金的动机也就会更明显。再加上，研究显示明星基金具有显著的溢出效应，明星基金不仅可以为自身吸引更多的资金流，还可以为家族内其他基金及整个家族吸引更多的资金流，那么这样就会更进一步激励基金家族实施利益输送。因此，基金家族业绩与资金流呈非线性正相关关系、明星基金溢出效应的存在共同激励着基金家族实施利益输送的行为。

第四章 资源配置与基金家族利益输送

第一节 引　言

近几年，我国 IPO 非常活跃，在全球 IPO 市场位居前列。2006 年 6 月 19 日，IPO 重新开闸，股权分置改革拉开序幕。2006 年共发行 71 只 IPO，融资额达 1 339 亿元。2007 年发行 126 只 IPO，融资额达 4 770.83 亿元。虽然 2008 年金融风暴对 IPO 发行打击重大，IPO 融资额下降到 1 034.37 亿元，但 2010 年随后反弹，沪深市场融资额创出历史新纪录，全年达到 4 910.63 亿元的规模，超出上年 3 011.66 亿元。2011 年、2012 年 IPO 发行分别达到 2 824.43 亿元、1 034.31 亿元。我国 IPO 发行的一个显著特点就是抑价比较高，实践证明此现象普遍存在于世界各国的股票市场。不同国家市场发行抑价率差别较大：成熟的股票市场上抑价率通常相对较低，一般不超过 20%；而在新兴市场上，抑价率相对高出许多，通常达到 30%～80%。我国的新股抑价程度更是异常高。据 WIND 数据库统计，2007—2012 年，中国 IPO 上市首日收盘价平均高于发行价 61.06%，其中最高年份为 2007 年的 193.1%。所以打新收益是一份既丰厚又稳定的收益，而基金是最重要的打新主体，IPO 资源成为基金家族的"香饽饽"，是基金业绩的重要来源。

IPO 一般由券商承销。国内外的研究发现，承销商会有选择地将热门 IPO 配售给和其在股权、业务和利益上相关联的基金家族。[①] 基金家族从

———————

① 参见 Jay R. Ritter, Donghang Zhang, "Affiliated Mutual Funds and the Allocation of Initial Public Offerings," *Journal of Financial Economics*，2007(2)：337–368；肖继辉、彭文平、陈树启：《基金家族利益输送：基于业绩差异的研究》，载《经济学家》，2012 (5)。

承销商处获得 IPO 资源后，为了实现家族利益的最大化，可能有差别地在成员基金间进行配置，将热门 IPO 资源更多地配置给高价值基金。所以，对 IPO 资源的差别配置就成为基金家族在成员基金间进行利益输送的重要手段。[①] 但国内尚没有文献研究中国基金家族是否通过 IPO 资源的差别配置进行利益输送。本章以开放式偏股型基金为研究对象，通过分析家族内不同成员基金获配 IPO 资源后的业绩表现，实证研究基金家族是否通过 IPO 资源的差别配置进行利益输送。研究发现，基金家族确实在成员基金间进行利益输送，IPO 的优先配置是基金家族进行利益输送的手段，基金家族将优质 IPO 资源优先配置给家族内高费率、年轻的以及小规模的基金，从而使得这些基金的业绩相应好于家族内低费率、年老的和大规模的基金。同时还发现，基金家族将优质 IPO 资源优先配置给历史业绩差的基金，IPO 资源优先配置成为基金家族协调成员基金间业绩差异的手段。进一步实证研究的结果表明，规模越大、成员基金数量越多，基金家族采取利益输送行为的可能性越大，而基金家族年龄对利益输送行为的影响不确定。

第二节　理论分析与研究设计

一、理论分析与研究假设

投资者在选择投资产品时存在一定的偏好，这种偏好会影响投资者的决策。在基金市场中，投资者偏好之一是：投资者在选择基金产品时会先关注该基金所在的基金家族，即先选择基金家族，再选择具体的基金。因此，基金家族的整体业绩与资金流的关系十分敏感（参见第三章），基金家族有动机为了迎合投资者这种偏好而选择最大化基金家族整体层面上的业绩表现。此外，已有研究表明，当基金家族存在业绩非常优秀的基金即明星基金时，基金家族其他基金的资金流也会得到某种程度的增加，投资者更加偏好拥有明星基金的基金家族，这种现象被称为明星基金溢出效应[②]，基金家族可能会为了打造明星基金，不惜牺牲表现较为平庸的基金

① J. Gaspar, M. Massa, P. Matos, "Favoritism in Mutual Fund Families? Evidence on Strategic Cross-Fund Subsidization," *The Journal of Finance*, 2006, 3: 249–304.

② A. Khorana & H. Servaes, "What Drives Market Share in the Mutual Fund Industry?", *Review of Finance*, 2012, 16 (1): 81–113.

的利益。基金家族会积极扶持"高价值"基金，即那些更可能产生管理费收入或新资金流入的基金的业绩表现，而以同一家族内其他"低价值"基金的业绩为代价。[①] 第二章的实证研究也发现中国基金家族也存在类似的利益输送行为。

目前，我国的公募基金行业采取固定管理费率模式。基金管理费率按基金资产净值的一定百分比计提，不同基金的管理费率相差较大，实际情况中一般在0.28%到1.85%之间。销售服务费率一般在0.01%到0.4%之间，但未广泛收取。基金家族的总收益与管理的资产规模和收取的费率成正比，即管理的资产规模越大、收取的费率越高，家族的总收益就越高。所以基金家族不同成员基金收取的费率不同，导致不同的成员基金对家族的价值不同，高费率的基金成为高价值基金，低费率的基金则是低价值基金。同时，由于基金业绩与资金流凸性关系的存在，为了提高整个家族的收益，基金家族可以通过向高费率基金进行利益输送以提升其业绩来吸引更多的资金流入。[②] 因此，基金家族倾向于偏爱高费率基金，用低费率基金的业绩来补贴高费率基金，向高费率基金进行利益输送。

业绩与资金流之间的关系表明，业绩好的基金能够吸引超额的资金流入，而业绩差的基金却不会导致同样比例的资金流出。而且业绩好的明星基金的优秀表现不仅会使大量资金流入明星基金，而且也会使大量资金流入家族内的其他基金，从而可以大大增加家族的整体收益，即所谓明星基金溢出效应。这样，业绩好的基金就成为高价值基金，业绩差的基金则是低价值基金。基金家族通过扶持历史业绩较好的基金以保持其业绩的持续性，利用业绩与资金流的关系和明星基金的溢出效应就可以增加整个家族的收益。因此，基金家族中可能存在由历史业绩较差的基金向历史业绩较好的基金进行利益输送的行为。

Chevalier 和 Ellison（1997）发现，业绩与资金流的凸性关系在年轻基金中的表现更加显著，在年轻基金与年老基金有同样好的业绩表现时，年轻基金能够吸引更多的资金流入，成为高价值基金，年老基金则成为低

[①] 参见林树、李翔、杨雄胜、Onkit Tam：《他们真的是明星吗？——来自中国证券基金市场的经验证据》，载《金融研究》，2009（5）。

[②] Brown K. C., W. V. Harlow, Laura T. Starks, "Of Tournaments and Temptations: An Analysis of Managerial Incentives in the Mutual Fund Industry," *Journal of Finance*, 1996, 51: 85-110. J. Chevalier, G. Ellison, "Risk Taking by Mutual Funds as a Response to Incentives," *Journal of Political Economy*, 1997, 105: 1167-1200.

价值基金。这样，基金家族会牺牲老基金的业绩对年轻基金进行利益输送。

Chen 等（2004）研究发现基金规模与业绩存在负相关的关系，规模越大反而导致业绩越差。彭文平、杨洋的相关研究也发现中国基金在业绩与规模上存在和国外相类似的负相关关系（彭文平、杨洋，2013）。所以，从吸引资金流的角度来看，小规模基金对家族的价值更高。同时，如果基金家族在家族内成员基金间进行利益输送，那么把大基金的利益输送给小基金，因为小基金规模小，只需要输送少量利益，就可以把小基金业绩做好，同时不显著损害大基金业绩；但如果是把小基金利益输送给大基金，则需要输送大量利益，这样会显著损害小基金业绩，同时还可能不能显著提升大基金业绩。所以，从利益输送的便利程度角度，基金家族合理的选择也是把大基金的利益输送给小基金。所以，彭文平、杨洋认为小基金构成"高价值"基金，大基金则成为"低价值"基金。

基于以上理论分析，本章提出假设：

假设 H1：基金家族内部为了提高整个家族的利益，对家族内高低价值基金进行利益输送。

根据以上理论分析，可以发现家族内历史业绩、费率、年龄和规模不同的成员基金对家族的价值不同，所以，本章根据历史业绩、费率、年龄和规模四个标准划分高低价值基金。历史业绩表现好、费率高、年龄小和规模小的基金是家族内的"高价值"基金，相反，历史业绩表现差、费率低、年龄老和规模大的基金是家族内的"低价值"基金。为进一步研究基金家族利益输送的方向，本章根据划分的不同高低价值的标准，将假设 H1 进一步细分为：

H1-a：基金家族牺牲历史业绩表现差的基金的利益，将利益输送给历史业绩表现好的基金。

H1-b：基金家族牺牲低费率基金的利益，将利益输送给高费率基金。

H1-c：基金家族牺牲老基金的利益，将利益输送给年轻基金。

H1-d：基金家族牺牲大规模基金的利益，将利益输送给小规模基金。

IPO 抑价发行是指新股发行定价明显低于上市首日交易价格，发行市场和交易市场巨大的价差使得投资者通过认购新股能够获得较高的超额回报率。IPO 抑价发行理论具有代表性的是 Rock（1986）提出的"赢者诅咒假说"。该假说认为市场信息是不对称的，市场中的投资者分为知情投资者和非知情投资者。知情投资者掌握新股的投资价值信息，能够购买到真正具有投资价值的新股。而非知情投资者由于信息的匮乏，无法获知新股信息，于是出现"赢者诅咒"现象，非知情投资者退出投资市场。新股发行者为了吸引非知情投资者参与认购，不得不降低新股发行的价格来确保新股顺利发行。IPO 抑价现象在世界各国股票市场都普遍存在，抑价收入非常可观。Reilly 和 Hatfield（1969），Stoll 和 Curly（1970），以及 Reilly（1973）等最早对 IPO 抑价问题进行了研究，发现 IPO 上市首日的收盘价相对于发行价而言的上升幅度远高于同期的基准收益率，即参与新股发行的投资者可以获得超出市场正常水平的超额回报。Reena 等（2002）研究了 IPO 资源的机构配置问题，结果发现基金等机构投资者获配 IPO 与 IPO 首日回报率之间正相关，即机构能够获配更多市场需求大的热门 IPO 资源。基金家族作为整体机构，在获取 IPO 资源方面具有一定的优势，能够以较低成本获得较多优秀的 IPO 资源，对 IPO 资源的潜在增长力和具体信息有较多的了解和掌握，这为基金家族在成员基金间差别配置 IPO 资源，即进行利益输送提供了可能。

Jay R. Ritter 和 Donghang Zhang（2007）通过两种理论，即垃圾倾卸理论和裙带关系理论研究了主承销商与基金之间、基金家族与成员基金之间在 IPO 分配上的关系。研究结果表明，裙带关系理论是存在的，即主承销商会将热门 IPO 分配给关联基金家族以增加其整体收益，基金家族则会将热门 IPO 策略性地分配给当前对家族而言价值较高的成员基金以增加整个家族的收入。但是，垃圾倾卸理论，即主承销商将冷门 IPO 资源分配给关联基金家族，而将热门 IPO 资源销售给其他投资者以获得更多的交易费用收入，支持的实证证据较弱。可以看出，热门 IPO 资源确实是基金家族进行利益输送的优质资源。

Gaspar，Massa 和 Matos（2006）研究了基金家族通过 IPO 资源的优先配置进行利益输送。实证研究的结果表明，基金家族确实在对家族整体利益贡献度不同的成员基金之间进行了业绩转移，即利益输送行为。Gaspar，Massa 和 Matos 用三种分类方法，即基金总费率、基金年初至今回报和基金年龄，将家族内的成员基金分成所谓的"高价值"基金和"低价值"基金。实证结果表明，在资源分配方面，高费率基金和年初至今回报高的成员基金较可能得到更多低定价即热门的 IPO 资源配置。

由于基金家族这种微观组织在我国出现的时间较短，当前国内从基金家族的视角对基金进行研究的文献还较为少见，对基金家族利益输送问题的研究更是少之又少，仅对基金经理的优先配置和反向交易进行了实证研究，而对家族内 IPO 资源的优先配置这一极有可能存在的利益输送手段仍未有实证上的支持。由于我国 IPO 定价尚未完全市场化，IPO 抑价是普遍存在的现象，超额收益非常可观，成为基金家族的一项优质资源。基金家族在成员基金间分配 IPO 资源的权力导致了利益输送行为存在的可能性。但国内没有文献研究基金家族是否通过 IPO 资源差别配置的手段进行利益输送。本章试图探索基金家族是否在 IPO 资源的配置中区别对待家族内成员基金来实现利益输送。由此提出：

假设 H2：IPO 资源分配是基金家族在高低价值基金之间进行利益输送的一种手段。

二、样本和指标

（一）样本选取

本章以我国的基金管理公司为研究对象，选取 2007 年到 2012 年 12 月底股票型基金的季度数据，剔除旗下基金数量少于 3 只的基金管理公司、指数型基金以及部分数据不全的基金，进入样本的基金为 58 家基金家族的 364 只偏股型开放式基金。数据来源于 WIND 数据库、国泰安数据库、天天基金网和基金的季报与年报。

（二）指标选取

1. 高低价值基金的分类

本章将基金按照业绩、费率、年龄、基金规模四个角度分为高低价值基金。具体分类标准如下：

（1）业绩排名前 25％的为高价值基金，排名后 25％的为低价值基金。

（2）费率排名前 25％的为高价值基金，排名后 25％的为低价值基金。

（3）基金按照成立时间的先后进行排序，年龄排名后 25％的为高价值基金，排名前 25％的为低价值基金。

（4）基金规模后 25％的为高价值基金，前 25％的为低价值基金。

2. 各个指标的选取

（1）业绩指标。

本章以基金复权单位净值增长率作为衡量基金历史业绩的指标。具体计算方法见第二章。[1]

---

[1]　本章还采用了第三章的特雷诺指数和夏普指数衡量业绩，结果基本一致。为简洁起见，没有报告。

（2）费率指标。

在我国，基金家族的主要收入来自收取的基金管理费用，本章的费率按照以下公式进行计算：

$$总费率 = \frac{管理费}{基金总资产净值}$$

（3）基金规模。

Wermers（2000）研究发现，规模较大的基金存在着较低的流动性和灵活性，基金回报会被这些因素侵蚀。对于规模较大的基金，其业绩表现较规模小的基金来说不易操控，且小规模基金对利益输送更敏感，少量利益输送就有可能使业绩提高，而大规模基金输送利益给小基金不会显著影响大规模基金的业绩，因此基金家族有动机在不同规模的基金之间进行利益输送。本章中，基金规模用基金的资产净值来衡量。按照资产净值的大小排序，排名后 25% 的视为高价值基金，排名前 25% 的视为低价值基金。

三、实证检验原理

基金家族将低价值基金的利益输送给高价值基金，势必会造成高低价值基金间的业绩差异超出正常范围（肖继辉等，2012）。所以本章选择从高低价值基金业绩差异的角度来研究基金利益输送行为。由于基金业绩差异也可能是因为投资风格不同造成的，为了剔除投资风格因素对基金业绩的影响，本章采用净风格投资回报（Net_return）作为成员基金间业绩比较的基础，净风格投资回报等于该基金的原始业绩回报减去同期所有相同投资风格的基金的平均业绩回报。另外，为了解决选择偏误问题，在对家族内高（H）、低（L）价值基金净风格业绩进行比较的基础上，选取家族外与低价值基金业绩处于同一十分位[①]的基金对低价值基金进行配比。配比基金（LM）具备以下三种属性：一是与原来的高低价值基金不属于同一个基金家族；二是与原来的低价值基金投资风格相同，并且二者的净风格业绩排名处于同一十分位上；三是 L 与 LM 之间是一一对应的关系，从满足前两个条件的基金中随机抽取。

将家族内所有的高价值基金与低价值基金进行配对组合称为"实际组"，计算每组中高低价值基金的净风格投资回报之差；然后用配比基金

---

① 业绩十分位法，即对同期所有同一投资风格的基金的业绩进行排序，并由低到高均匀地分为十个等级。

替代实际组中的低价值基金，这样形成的高价值基金和配比基金组合称为"配比组"，同样计算出每组中高低价值基金的净风格投资回报之差。如果净风格投资回报之差是由基金家族利益输送造成的，那么实际组的净风格投资回报之差应显著大于配比组。

第三节　实证分析

一、基金家族是否在高低价值基金之间进行利益输送

我们通过分析不同分类标准下，实际组和配比组中高低价值基金的净风格投资回报率是否有显著差别，来判定基金家族是否在高低价值基金之间进行利益输送。从表4—1检验结果中可以看出，按历史业绩划分高低价值基金，实际组均值高出配比组均值 0.962 个百分点，且这种差异在 1% 的置信水平上显著，表明基金家族确实存在家族内历史业绩表现较差的基金向历史业绩表现好的基金输送利益的行为。同时，按业绩划分的低价值基金和按年龄、规模、费用标准划分的高价值基金组合时，实际组也是显著高于配比组的。按规模、年龄和费用分类的高低价值基金，实际组均显著高于配比组。

表4—1　　　　　　高低价值基金实际组和配比组的描述性检验

比较高低价值基金净风格投资回报率					
	业绩			年龄		
	实际组	配比组	P 值	实际组	配比组	P 值
业绩	7.764	6.802	0.000***	3.968	3.328	0.000***
年龄	3.711	2.748	0.000***	−0.086	−0.725	0.003***
规模	3.745	2.783	0.000***	−0.051	−0.690	0.001***
费用	3.244	2.281	0.000***	−0.552	−1.192	0.001***
	规模			费用		
	实际组	配比组	P 值	实际组	配比组	P 值
业绩	4.198	3.788	0.011***	3.167	2.651	0.005***
年龄	0.144	−0.266	0.028**	−0.886	−1.403	0.006***
规模	0.179	−0.231 0	0.03**	−0.851 7	−1.368	0.007***
费用	−0.322	−0.732	0.019**	−1.353	−1.869	0.018**

接下来进行多变量回归检验，实证模型为：

$$Net\_return_{i,t}^{High} - Net\_return_{i,t}^{Low}$$
$$= \alpha + \beta(SameFamily) + \lambda(SameStyle) + \rho D\_Age$$
$$+ YearDummies + \varepsilon_{i,s,f,t} \tag{4.1}$$

其中，$Net\_return_{i,t}^{High}$ 表示高价值基金的净风格投资回报，$Net\_return_{i,t}^{Low}$ 表示低价值基金的净风格投资回报，二者的差表示高低价值基金净风格回报差。$SameFamily$ 为虚拟变量，当高低价值基金属于同一基金家族时，$SameFamily$ 取 1；当高低价值基金不属于同一基金家族时，$SameFamily$ 取 0。$SameStyle$、D_Age、$YearDummies$ 为三个控制变量，其中 $SameStyle$ 为虚拟变量，当高低价值基金属于同一投资风格时，$SameStyle$ 取 1；反之，则取 0。D_Age 代表高低价值基金的年龄差。$YearDummies$ 是一个年份虚拟变量，用来控制时间因素的影响。

如上文所述，分别按照历史业绩、年龄、规模和费用四种不同的区分高低价值基金的分类标准，得出模型（4.1）的回归结果如表 4—2 所示。

表 4—2　　　　　　　　　　四种分类标准下的实证回归结果

变量	分类标准			
	历史业绩	年龄	规模	费用
$SameFamily$	0.958*** (5.487)	0.495** (2.035)	0.616*** (2.865)	0.507** (2.090)
$SameStyle$	0.308* (1.727)	0.574** (2.534)	0.572** (2.614)	0.260 (1.057)
D_Age	0.000 (0.968)	−0.000 1*** (−3.836)	−0.000 (−1.423)	0.000 (0.500)
$YearDummies$	有控制	有控制	有控制	有控制
常数项	10.695*** (26.163)	−0.982* (−1.864)	−0.937* (−1.886)	1.730*** (3.086)
样本数	2 362	2 362	2 362	2 362
调整 R^2	0.087	0.020	0.045	0.041

上述实证结果符合本章假设 H1 的预期，说明假设 H1 成立，基金家族内部确实存在利益输送行为。具体分析如下：

1. 按历史业绩划分高低价值基金时，$SameFamily$ 的系数在 1%

的置信水平上显著为正，实际组基金间的净风格投资回报差显著高于配比组基金间的净风格投资回报差，这表明家族内部高低价值基金间存在着不正常的业绩差异，原因在于基金家族将低价值基金的利益输送给了高价值基金。由于业绩—资金流凸性关系的存在，历史业绩好的基金所带来的资金流入大于历史业绩表现差的基金所带来的资金流出，基金家族为了实现家族整体利益最大化，因此选择牺牲业绩差的基金。

2. 按年龄划分高低价值基金时，$SameFamily$ 的系数为正数，在5％的水平上显著，说明基金家族将老基金的利益输送给年轻基金。这是因为业绩—资金流的凸性关系在年轻基金中的表现更加显著，在年轻基金与年老基金有同样好的业绩表现时，年轻基金能够吸引更多的资金流入，成为高价值基金，年老基金则成为低价值基金。这样，基金家族会牺牲老基金的业绩，对年轻基金进行利益输送。

3. 按基金规模划分高低价值基金时，$SameFamily$ 的系数在1％的水平上显著为正，基金家族将家族内大规模基金的利益输送给小规模基金。随着基金规模的增大，基金的流动性和灵活性降低，业绩反而容易被侵蚀。而小规模基金灵活性强，业绩对资金流较敏感，因而受基金家族所青睐。正所谓"瘦死的骆驼比马大"，基金家族将大规模基金的利益输送给小规模基金，给小规模基金带来的业绩增长比例高于大规模基金的业绩损失比例。

4. 按费用大小划分高低价值基金时，$SameFamily$ 的系数在5％的水平上显著为正，说明基金家族存在将低管理费率基金的利益输送给高管理费率基金的行为。基金家族主要的收入来源于客户购买基金时所缴纳的管理费用。为了提高公司整体收益，基金家族可能更偏向于支持管理费率更高的基金，来收取更多的管理费用。

二、IPO 资源分配是否是基金家族在不同价值基金间进行利益输送的手段

2007—2012 年期间，我国 IPO 发行数量逐年增加，在 IPO 获配的机构中，基金占据了非常重要的地位，表4—3 是我国新股发行的统计描述。从表中可以看出：（1）我国 IPO 的发行存在高抑价情况，平均抑价率高达59％，如此高的抑价率使得我国的 IPO 资源成为一种优质资源。（2）基金获配的 IPO 平均抑价率为 67.5％，高于市场上总体 IPO 首日回报率，从某

种程度上反映出基金在申购 IPO 上具有一定的优势，基金能获配到更为优质的热门 IPO 资源。

表 4—3　　　　　　　　　我国 IPO 发行及基金获配的统计性描述

	IPO 发行总量	基金获配 IPO 数量
数量（只）	1 088	964
首日回报率均值	0.59	0.675

资料来源：WIND 数据库。

上面证实了基金家族会在高低价值基金之间进行利益输送。为了进一步检验 IPO 资源分配是否是基金家族在不同价值基金间进行利益输送的手段，本章建立以下实证模型：

$$Net\_return_{i,t}^{High} - Net\_return_{i,t}^{Low}$$
$$= \alpha + \beta(SameFamily) + \gamma(SameStyle) + \delta(IPO)$$
$$+ \theta(IPO|SameFamily) + \rho D\_Age + YearDummies + \varepsilon_{i,s,f,t}$$

$$(4.2)$$

其中，$Net\_return_{i,t}^{High}$ 和 $Net\_return_{i,t}^{Low}$ 的含义和模型（4.1）相同，分别表示高低价值基金的净风格投资回报。$SameFamily$ 和 $SameStyle$ 是两个虚拟变量，含义与模型（4.1）相同。变量 IPO 衡量的是基金在获配 IPO 后，IPO 对基金业绩的贡献率。（$IPO|SameFamily$）为虚拟变量，当基金属于同一家族时，（$IPO|SameFamily$）取 1；当基金不属于同一家族时，（$IPO|SameFamily$）取 0。D_Age 为控制变量，表示基金的年龄差，$YearDummies$ 是一个年份虚拟变量。

从表 4—4 中，可以看出无论按哪种分类标准，$SameFamily$ 的系数都显著为正，说明基金家族确实存在高低价值间利益输送行为，且（$IPO|SameFamily$）的系数也是显著的，说明基金家族会通过 IPO 资源的配置来实现利益输送，符合本章假设 H2 的预期。但值得注意的是，在按历史业绩分类标准下，（$IPO|SameFamily$）的系数显著为负，历史业绩表现较差却能得到更多优质 IPO 资源，这有可能是因为有些专门打新的基金业绩较一般基金业绩差。在按年龄、费率和规模分类标准下，（$IPO|SameFamily$）的系数显著为正，年轻基金、高费率及小规模基金能得到较多的热门 IPO 资源。实证结果表明，利用 IPO 资源进行利益输送确实存在，但输送的方向是不确定的。

表 4—4　　　　　　　　IPO 资源分配与利益输送关系的回归结果

变量	分类标准			
	历史业绩	年龄	规模	费用
$SameFamily$	0.946*** (5.384)	0.555** (2.278)	0.627*** (2.914)	0.653*** (2.631)
$SameStyle$	0.282 (1.585)	0.580** (2.565)	0.576*** (2.633)	0.269 (1.096)
IPO	0.441 (1.157)	−1.861*** (−3.517)	−1.365** (−2.311)	−1.446*** (−2.700)
$(IPO \mid SameFamily)$	−2.233*** (−3.285)	1.614* (1.758)	1.841* (1.915)	1.747* (1.743)
D_Age	0.000 (0.903)	−0.001*** (−4.018)	−0.000 (−1.444)	0.000 (0.426)
$YearDummies$	有控制	无控制	有控制	有控制
常数项	10.732*** (24.925)	−1.066** (−2.022)	−0.951* (−1.900)	1.298** (2.213)
样本数	2 362	2 362	2 362	2 362
调整 R^2	0.091	0.025	0.047	0.044

三、家族特征对利益输送的影响

从上文研究中发现，基金家族确实存在高低价值基金间的利益输送行为，但不同特征的家族这种利益输送的行为是否会有差异呢？本章试图研究基金家族的家族规模、家族年龄和家族中基金的数目这三个特征对利益输送的影响。其中，基金家族的总资产净值代表家族规模，家族成立至样本区间的天数代表家族年龄，家族中基金的数目用样本中包含的基金个数表示。回归模型如下：

$$Net\_return_{i,t}^{High} - Net\_return_{i,t}^{Low}$$
$$= \alpha + \beta(SameFamily) + \lambda(SameStyle) + \delta(IPO)$$
$$+ \theta(IPO \mid SameFamily) + \eta_1(F\_Scale) + \eta_2(F\_Age)$$
$$+ \eta_3(F\_Number) + \rho D\_Age + YearDummies + \varepsilon_{i,j,t} \qquad (4.3)$$

其中，$\eta_1(F\_Scale)$、$\eta_2(F\_Age)$、$\eta_3(F\_Number)$ 为三个虚拟变量，分别代表着基金家族的家族规模、家族年龄和家族内基金数目。当家族规模、家族年龄和家族内基金数目大于平均值时，$\eta_1(F\_Scale)$、$\eta_2(F\_Age)$、

η_3(F_Number) 取 1，否则取 0。模型中其他变量的含义同模型（4.2）一样。回归结果如表 4—5 所示。

表 4—5　　　　　家族特征与 IPO 资源分配和利益输送关系的回归结果

变量	历史业绩	年龄	规模	费率
$SameFamily$	0.943*** (5.394)	0.605** (2.489)	0.624*** (2.929)	0.654*** (2.642)
$SameStyle$	0.312* (1.757)	0.526** (2.323)	0.432** (1.965)	0.253 (1.030)
IPO	0.466 (1.230)	1.806*** (−3.432)	1.419** (−2.422)	1.473*** (−2.751)
($IPO\|SameFamily$)	−2.210*** (−3.267)	1.522* (1.666)	1.731* (1.816)	1.783* (1.778)
F_Scale	0.219 (1.025)	0.442* (1.763)	0.852*** (3.329)	0.472* (1.672)
F_Age	−0.349* (−1.836)	0.478** (1.977)	−1.050*** (−4.607)	−0.461* (−1.764)
F_Number	0.848*** (4.024)	0.763*** (3.082)	0.848*** (3.351)	0.620** (2.217)
D_Age	0.000 (0.695)	−0.000*** (−3.292)	−0.000 (−1.325)	0.000 (0.223)
$YearDummies$	有控制	有控制	有控制	有控制
常数项	10.516*** (24.029)	−1.576*** (−2.946)	−1.024** (−2.011)	1.126* (1.858)
样本数	2 362	2 362	2 362	2 362
调整 R^2	0.102	0.037	0.065	0.049

从实证结果看，（$IPO\|SameFamily$）的系数仍然全部显著，基金家族会利用 IPO 进行利益输送。在费率、年龄和规模分类标准下，基金家族利益输送与基金家族的规模正相关，即基金家族资产规模越大，家族越有可能进行利益输送。这是因为基金家族掌控的资源越多，越能掩饰其利益输送行为。值得注意的是，在历史业绩分类标准下，F_Scale 的系数不显著。在按历史业绩、规模和费用分类标准下，基金家族利益输送与家族的年龄呈负相关关系，这是因为成立时间较短的基金家族为了在激烈的竞争市场中抢占份额，更有可能采取利益输送的行为通过"造星"来吸引市场投资者。但在年龄分类标准下，基金家族年龄和利益输送却呈正相关关系，即基金家族成立时间越久，越容易进行利益输送。这可能是因为在年

龄分类标准下，年轻的基金被认为是高价值基金，年老的基金被认为是低价值基金。成立时间较短的基金家族在短期内旗下基金的年龄相差较小，因此在某种程度上会限制家族间基金的利益输送。而成立时间较长的基金家族内有足够的新老基金，增大了基金家族的利益输送行为的可能性。历史业绩、年龄、规模和费用四种分类标准下 F_Number 的系数均显著为正，基金家族内基金数量越多，越容易进行利益输送行为。这是因为基金数量越多，基金家族在进行利益输送时就拥有越多的选择集，同时在进行利益输送时也更不易被察觉。

第四节　结　　论

本章通过对基金家族内的基金进行高低价值分类，首先检验基金家族是否存在由低价值基金向高价值基金进行利益输送的行为。研究发现，基金家族确实存在上述行为。继而，本章实证研究基金家族是否会通过 IPO 资源的不同配置来实现该利益输送行为。本章的研究结果发现，基金家族会通过利用 IPO 资源来进行家族内部基金间的利益输送，但是不同高低价值标准分类下利益输送的方向是不同的，基金家族可能是基于不同的目的选择不同的利益输送方向。最后，本章还检验了基金家族的成立时间、资产规模和旗下基金数量三个家族特征对利益输送行为的影响，结果显示这三个特征对基金家族的利益输送行为有较大的影响。总体来说，成立时间越短、资产规模越大和基金数量越多的基金家族，越容易进行利益输送。

本章通过对基金家族利益输送的实证研究，揭示基金家族利益输送行为的存在以及手段，使投资者在选择基金产品时对基金家族有更客观的认识，避免利益受到损害。同时，本章的发现也给市场监管者提供了一定的监管参考，助其更有效地对基金家族利益输送行为进行监督。根据本章的研究结果，监管层和基金投资者有必要监管基金家族以 IPO 资源配置策略为手段的利益输送行为。监管的重点应放在：（1）成立时间短、规模较大、成员数量多的基金家族。因为研究结果表明，它们更可能会以 IPO 资源配置策略为手段进行利益输送。（2）家族是否倾向于将优质 IPO 资源有偏地分给家族内规模较小、费率较低、较为年轻的基金。（3）结果和行为并重。现有监管措施从基金家族不同投资组合的收益率差异入手，监管基金家族利益输送行为。本章的研究表明，基金家族利益输送确实会造成成员基金之间业绩的差异，从利益输送的结果出发监管是合适的。证监会现将监管重点放在家族内基金间的同向交易行为。但本章的研究结果表明，还需要监管 IPO 资源在家族内部不同价值基金之间的有偏配置行为。

第五章　交易策略与基金家族利益输送

第一节　引　　言

2011 年修订的《证券投资基金管理公司公平交易制度指导意见》（以下简称《指导意见》）明确要求：基金家族应"在投资管理活动中公平对待不同投资组合，严禁直接或者通过与第三方的交易安排在不同投资组合之间进行利益输送"。由于基金家族不同投资组合之间的不公平交易将导致旗下基金间业绩差距拉大，《指导意见》要求"公司应分别于每季度和每年度对公司管理的不同投资组合的整体收益率差异、分投资类别（股票、债券）的收益率差异以及不同时间窗内（如日内、5 日内、10 日内）同向交易的交易价差进行分析"，明确指出了基金家族利益输送的监管重点是投资组合的收益率差异和同向交易。那么，同向交易是否确实是基金家族利益输送的手段？还有没有其他不公平交易手段？从收益率差异出发监管基金家族利益输送是否合适？

本章认为，基金家族不公平交易策略除同向交易之外，还有反向交易。所谓同向交易和反向交易，是基金家族实施利益输送的两种交易策略，通常在同一家族内不同价值基金之间进行。前者是指家族内高价值基金先买入某些股票，紧接着低价值基金再买入，以抬高高价值基金持股价格，即所谓"抬轿"；后者是指高价值基金在抛售股票的同时由同一家族内的低价值基金"接盘"，以缓解股票交易价格压力。基金家族无论使用哪种交易策略，都是以牺牲低价值基金的业绩为代价做大高价值基金业绩，损害的都是基金投资者的利益，严重影响基金业的健康发展和证券市场的规范。从已出台的一系列监管法规来看，监管层已经充分认识到规范基金不公平交易的重要性和必要性，但是由于信息不对称，基金家族内部利益输送行为很难发现和衡量，因而屡禁不止。所以，如何有效识别和认定基金家族利益输送行为及其具体交易手段就成为投资者和监管者面临的难题。本章根据《指导意见》，从不公平交易策略造成家族内成员基金间业绩差异的角度，实证检验基金家族内部是否存在以同向和反向交易为手段的利益输送行为，以为识别和监管基金家族利益输送行为提供经验证据。

第二节　理论分析与研究假设

目前，我国的公募基金行业采取固定管理费率模式。基金管理费率按基金资产净值的一定百分比计提，不同基金的管理费率相差较大，实际情况中一般在 0.28% 到 1.85% 之间。销售服务费率一般在 0.01% 到 0.4% 之间，但未广泛收取。基金家族的总收益与管理的资产规模和收取的费率成正比，即管理的资产规模越大、收取的费率越高，家族的总收益就越高。所以基金家族不同成员基金收取的费率不同，导致不同成员基金对家族的价值不同，高费率的基金成为高价值基金，低费率的基金则是低价值基金。同时，由于基金业绩与资金流凸性关系的存在，为了提高整个家族的收益，基金家族可以通过向高费率基金进行利益输送以提升其业绩来吸引更多的资金流入。因此，基金家族倾向于偏爱高费率基金，用低费率基金的业绩来补贴高费率基金，向高费率基金进行利益输送。

业绩与资金流之间的关系表明，业绩好的基金能够吸引超额的资金流入，而业绩差的基金却不会导致同样比例的资金流出。而且业绩好的明星基金的优秀表现不仅会使大量资金流入明星基金，而且也会使大量资金流入家族内的其他基金，从而可以大大增加家族的整体收益，即所谓明星基金溢出效应。这样，业绩好的基金就成为高价值基金，而业绩差的基金则是低价值基金。基金家族通过扶持历史业绩较好的基金以保持其业绩的持续性，利用业绩与资金流的凸性关系和明星基金溢出效应，就可以增加整个家族的收益。因此，基金家族中可能存在由历史业绩较差的基金向历史业绩较好的基金进行利益输送的行为。

Chevalier 和 Ellison（1997）发现，业绩与资金流的凸性关系在年轻基金中的表现更加显著，在年轻基金与年老基金有同样好的业绩表现时，年轻基金能够吸引更多的资金流入，成为高价值基金，年老基金则成为低价值基金。这样，基金家族会牺牲年老基金的业绩对年轻基金进行利益输送。

　　规模越小的基金的业绩越容易因为利益输送而大幅变动。将大规模基金利益输送给小规模基金，不会显著影响大规模基金业绩，但能显著提高小规模基金业绩，从而为基金家族带来更多的资金流。所以，家族内小规模基金是高价值基金，大规模基金是低价值基金。

　　在我国，基金不是独立法人，附属于基金家族。基金家族可以协调家族内基金的交易行为，通过同向交易和反向交易等不公平交易行为让低价值基金为高价值基金"抬轿""接盘"，以提高高价值基金业绩，为家族带来更多的资金流入和管理费收入。为检验中国基金家族是否通过同向交易和反向交易等不公平交易策略进行利益输送，本章提出研究假设：

　　H0：基金家族高低价值基金之间不存在利益输送行为。

　　H1：基金家族高低价值基金之间存在利益输送行为，但不存在以不公平交易策略为手段的利益输送行为。

　　H2：基金家族高低价值基金之间存在以不公平交易策略为手段的利益输送行为。

　　不同的成员基金对基金家族的价值不同，这可能是由于收取的费率、业绩表现、成立时间或是规模大小的不同。为进一步研究基金家族利益输送的方向，将本章假设 H2 细分为以下四个假设：

　　H2-a：基金家族由低费率基金向高费率基金进行利益输送。

　　H2-b：基金家族由历史业绩差的基金向历史业绩好的基金进行利益输送。

　　H2-c：基金家族由年老基金向年轻基金进行利益输送。

　　H2-d：基金家族由大规模基金向小规模基金输送利益。

　　由于规模经济效应，规模较大的基金家族在资源获取方面更容易获得便利和优惠，能更好地把握市场机会。而且，规模较大的基金家族更容易得到关注，获得投资者的青睐，吸引更多的资金流入。为了获得家族规模经济的好处，基金家族会通过增加现有成员基金管理的资产规模或成立新基金的办法尽量扩大家族规模。为了扩大现有成员基金的管理资产规模，基金家族可以利用业绩与资金流的凸性关系，由历史业绩较差的基金向历史业绩较好的基金输送利益，以保持历史业绩较好的基金的业绩持续性，吸引更多的资金流，壮大基金家族的规模。成立新基金，可以直接增大基金家族的规模，而新基金发行的成功与否很大程度上受到家族以前发行的年轻基金的市场表现影响，所以为了顺利发行新基金，扩大家族规模，基金家族会有意识地保持年轻基金的良好业绩表现。所以，本章预计规模越大的基金家族越可能在高低价值基金之间进行利益输送。

基金家族若想打造一只明星基金，利用明星基金溢出效应增加家族收益，那么，拥有数量较多的成员基金作为利益输出方可以使对这些成员基金的业绩影响降低到最小，而对明星基金业绩的提升却会是非常明显的。基金家族中成员基金数量越多，家族进行利益输送的选择就越多，操作空间就越大，就越不容易被外部人所察觉。所以，本章预计成员基金数量越多的基金家族越可能在高低价值基金之间进行利益输送。

成立时间较久的基金家族，在基金市场上已经具备一定的声望，获得了基金投资者的信任，基金管理运作也较为规范，有长远的发展目标。相比较而言，那些成立时间较短的基金家族，为了尽快在基金市场上占据一席之地，更有可能采取利益输送行为打造明星基金以吸引资金流入。所以本章预计成立时间越短的基金家族越可能在高低价值基金之间进行利益输送。

所以，为进一步研究基金家族特征与利益输送的关系，将本章假设H2进一步细化为三个效应：

H2-1：基金家族的规模与基金族利益输送正相关。

H2-2：基金家族中成员基金的数量与基金家族利益输送正相关。

H2-3：基金家族的年龄与基金家族利益输送负相关。

第三节 实证研究

一、研究设计

基金家族将低价值基金的利益输送给高价值基金，势必造成高低价值基金间的业绩差异超出正常范围。[①] 所以本章选择从高低价值基金业绩差异的角度来研究基金利益输送行为。由于基金业绩差异也可能是因为投资风格不同造成的，为了剔除投资风格因素对基金业绩的影响，本章采用净风格投资回报作为成员基金间业绩比较的基础，净风格投资回报等于该基金的原始业绩回报减去同期所有相同投资风格的基金的平均业绩回报。另外，为了解决选择偏误问题，在对家族内高（H）、低（L）价值基金净

---

① 参见肖继辉、彭文平、陈树启：《基金家族利益输送：基于业绩差异的研究》，载《经济学家》，2012（5）。

风格业绩进行比较的基础上，选取家族外与低价值基金业绩处于同一十分位的基金对低价值基金进行配比。配比基金（LM）具备以下三种属性：一是与原来的低价值基金不属于同一个基金家族；二是与原来的低价值基金投资风格相同，并且二者的净风格业绩排名处于同一十分位上；三是 L 与 LM 之间是一一对应的关系，从满足前两个条件的基金中随机抽取。

　　将家族内所有的高价值基金与低价值基金进行配对组合称为"实际组"，计算每组中高低价值基金的净风格投资回报之差；然后用配比基金替代实际组中的低价值基金，这样形成的高价值基金和配比基金组合称为"配比组"，同样计算出每组中高低价值基金的净风格投资回报之差。如果净风格投资回报之差是由基金家族利益输送造成的，那么实际组的净风格投资回报之差应显著大于配比组。

　　为了检验家族内部是否存在不公平交易策略，在缺乏公开可获得的基金交易信息的情况下，采用基金季度持股变化构建同向与反向交易变量。同向交易变量 $SameTrades$ 表示同一季度某一对高低价值基金同时增持某一股票的金额最小值；反向交易变量 $OppositeTrades$ 表示同一季度某一对高低价值基金同时减持某一股票的金额最小值。为了消除变量自身变异大小和数值大小的影响，将两种变量的交易量都予以标准化，即交易量等于股票的数量与期末股票价格二者的乘积，然后除以该对基金总资产净值（TNA）之和。建立模型如下：

$$
\begin{aligned}
&Ret_{i,t}^{High} - Ret_{j,t}^{Low} \\
&= \alpha + \beta(SameFamily) + \gamma(SameStyle) + \zeta(SameTrades) \\
&\quad + \theta(OppositeTrades) + \zeta_1(SameTrades \mid SameFamily) \\
&\quad + \theta_1(OppositeTrades \mid SameFamily) + Controls + \varepsilon_{i,s,f,t} \quad\quad (5.1)
\end{aligned}
$$

其中，被解释变量：$Ret_{i,t}^{High} - Ret_{j,t}^{Low}$ 是净风格回报差，$Ret_{i,t}^{High}$ 和 $Ret_{j,t}^{Low}$ 分别代表检验期第 t 期高价值基金 i 的净风格投资回报和对应的低价值基金 j 的净风格投资回报（在配比组则表示配比基金的净风格投资回报）。解释变量：$SameFamily$ 是哑变量，若基金 i 和基金 j 属于同一基金家族，那么取值为 1，反之为 0；$SameStyle$ 也是哑变量，若基金 i 与 j 属于同一投资风格，那么取值为 1，反之为 0。（$SameTrades \mid SameFamily$）为变量 $SameTrades$ 与 $SameFamily$ 的交乘项；（$OppositeTrades \mid SameFamily$）为变量 $OppositeTrades$ 与 $SameFamily$ 的交乘项，衡量同一家族同向交易和反向交易对业绩差异的影响。

控制变量选择了高低价值基金的资产规模总和、高低价值基金年龄总和、高低价值基金所在的基金家族的资产规模、高低价值基金所在的基金家族的年龄。其中，基金的资产规模总和用基金总资产净值取对数值来衡量；基金年龄总和指基金到考察期为止的成立年数；基金家族的资产规模用考察期家族内管理的所有样本基金的总资产净值之和取对数来衡量；基金家族的年龄是指基金家族到考察期为止的成立年数。

如果假设 H0 成立，即基金家族成员基金之间不存在利益输送行为，则 $\beta=0$；如果本章假设 H1 成立，即基金家族成员基金之间存在利益输送行为，但不存在以不公平交易策略为手段的利益输送行为，则 $\beta>0$，$\theta_1=0$ 且 $\zeta_1=0$。

如果本章假设 H2 成立，即基金家族成员基金之间存在以不公平交易策略为手段的利益输送行为，则 $\beta>0$，$\theta_1>0$ 且 $\zeta_1>0$。在 $\beta>0$ 的前提下，如果只有 $\theta_1>0$，说明基金家族只存在以反向交易为手段的利益输送行为；如果 $\zeta_1>0$，说明基金家族只存在以同向交易为手段的利益输送行为；如果两者都大于 0，说明基金家族同时存在反向与同向这两种交易行为。

二、样本与数据来源

本章研究时间段是 2007 年第一季度至 2012 年第四季度，共 24 个季度。考虑到交易策略的可操作性和主动性因素，本章选择的样本基金类型为开放式股票型与混合型基金；基金的投资风格选择成长型、价值型、平衡型、增值型、收益型共五种类型，剔除了消极型指数基金；由于本章以基金家族为研究单位，为了便于区分高低价值基金，选取了家族旗下偏股型基金总数不少于四只的基金家族。按照上述标准，本章最终选取的样本为 58家基金管理公司及其旗下的 364 只开放式偏股型基金。数据主要来自国泰安数据库和色诺芬数据库，部分数据来自中国基金网等各大基金网站。

由于本章的基金费率指标是用来衡量不同费率基金对家族利益贡献度差异的，因此基金费率应该是基金管理人收取的，所以，本章按照研究的需要，将基金费率定义为管理费率、销售服务费率、首次认购费率、日常申购费率和日常赎回费率之和，剔除了给托管行的托管费。由于前端、后端的日常申购费率和日常赎回费率相差较大，而且考虑到目前我国基金投资者还停留在对基金短期投资的阶段，很少利用到长期的后端优惠费率，所以选择这两种费率的最大值为考量标准。

将基金家族内所有样本基金按照总费率、历史业绩、年龄和规模四种分类标准进行排序，并分为高、低价值基金：总费率排名位于前25％的为高价值基金，位于后25％的为低价值基金；净风格业绩排名位于前25％的为高价值基金，位于后25％的为低价值基金；排名最年轻的25％的基金为高价值基金，最老的25％的基金为低价值基金；规模最小的25％的基金为高价值基金，规模最大的25％的基金为低价值基金。

三、描述性统计

表5—1展示的是四种分类标准下高、低价值基金特征的描述性统计结果。高价值基金的总费率比低价值基金平均高出0.60个百分点，净风格投资回报比低价值基金平均高出39.07个百分点，年龄平均比低价值基金短6.08年，规模比低价值基金小81.33亿元，其差值都是显著。说明本章对高、低价值基金的四种分类方法均是有效的。

表5—1　　　　　　高、低价值基金的总费率、历史业绩和年龄

总费率（％）			历史业绩（％）		
高价值	低价值	差	高价值	低价值	差
3.80	3.20	0.60***	14.72	−24.35	39.07***
年龄（年）			规模（亿元）		
高价值	低价值	差	高价值	低价值	差
1.68	7.76	−6.08***	12.34	93.67	−81.33***

根据上述四种分类标准，将家族内的样本基金分为高价值基金和低价值基金，并找出低价值基金在家族外的配比基金，计算出各类样本实际组和配比组高低价值基金净风格投资回报差，如表5—2所示。在以总费率、历史业绩、年龄和资产规模为分类标准的情况下，实际组的高低价值基金净风格投资回报差都显著大于配比组，初步说明基金家族存在费率高—低、业绩好—差、年龄老—轻和规模大—小基金之间之间的利益输送行为。

表5—2　　　　实际组与配比组的高低价值基金净风格投资回报差

	实际组	配比组	差（P值）
总费率（％）	5.154	4.762	0.392（0.022）
历史业绩（％）	15.835	14.575	1.260（0.013）
年龄（年）	2.472	1.892	0.580（0.095）
资产净值（亿元）	3.681	1.915	0.766（0.063）

四、不公平交易策略与利益输送

根据 Hausman 检验，选用个体固定效应模型。由于横截面数据的个数大于时序个数，为了消除横截面异方差的影响，所以在模型估计的权重选择上，采用截面加权估计法（Cross Section Weights，CSW）。回归结果如表 5—3 所示。

表 5—3　　　　　　　　　　不公平交易策略与利益输送

	费率分类标准	业绩分类标准	年龄分类标准	规模分类标准
常数项（α）	-1.404 (-0.878)	8.665 029*** (6.606)	6.312 778*** (2.877)	$-4.6\mathrm{e}+00$*** (-2.760)
家族哑变量（β）	0.982*** (2.709)	$-0.071\ 920$ (-0.255)	$-0.609\ 987$ (-1.217)	0.795 061** (2.045)
风格哑变量（γ）	1.374*** (4.377)	$-0.284\ 430$ (-1.116)	0.590 785 (1.435)	$-0.430\ 165$ (-1.236)
同向交易量（ζ）	-0.000 (-0.446)	0.000 000 (0.020)	0.000 045 (0.584)	0.000 008 (0.212)
家族内同向交易量（ζ_1）	-0.000 (-0.080)	$-0.000\ 013$ (-0.571)	$-0.000\ 003$ (-0.030)	$-0.000\ 015$ (-0.344)
反向交易量（θ）	-0.000*** (-2.937)	$-0.000\ 004$ (-0.252)	$-0.000\ 156$** (-2.015)	$-0.000\ 021$ (-0.343)
家族内反向交易量（θ_1）	0.001 181*** (2.930)	0.000 049** (1.984)	0.000 248** (2.156)	0.000 034 (0.305)
基金规模	-0.167 (-0.630)	0.001 755 (0.007)	$-0.259\ 636$ (-0.670)	$-0.427\ 024$ (-1.164)
基金年龄	0.072 (1.320)	$-0.238\ 969$*** (-5.613)	$-0.011\ 556$ (-0.107)	$-0.005\ 144$ (-0.076)
基金家族规模	-0.082 (-0.268)	0.745 080*** (3.828)	$-0.414\ 465$ (-1.001)	0.626 376* (1.775)
基金家族年龄	0.055 (1.173)	$-0.030\ 606$ (-0.879)	$-0.092\ 863$ (-1.434)	0.060 236 (1.252)
样本数	2 236	1 774	866	1 680
调整 R^2	0.024	0.042	0.023	0.010

由表 5—3 的回归结果可知，以总费率为分类标准时，基金家族的系数 β 显著为正，说明基金家族把低费率的基金利益输送给高费率的基金。基金家族内同向交易量的系数 ζ_1 不显著，反向交易量的系数 θ_1 显著为正，说明基金家族存在低费率基金为高费率基金卖出股票"接盘"的利

益输送行为，但不存在低费率基金为高费率基金"抬轿"的利益输送行为。

以历史业绩为分类标准时，基金家族内同向交易量的系数 ζ_1 不显著，反向交易量的系数 θ_1 值显著为正，说明以历史业绩为分类标准时，基金家族内存在以反向交易为手段的利益输送行为，基金家族将历史业绩差的基金利益输送给历史业绩好的基金，从而打造明星基金。但不存在历史业绩差的基金为历史业绩好的基金"抬轿"的利益输送行为。

以年龄为分类标准时，基金家族内同向交易量的系数 ζ_1 不显著，反向交易变量的系数 $\theta_1 > 0$ 且在 5% 的显著性水平上显著，表明基金家族内部的年轻基金和年老基金间存在反向交易，即家族内年老基金为年轻基金卖出股票"接盘"。这和赵迪（2008）以福耀玻璃为例，对南方基金管理有限公司旗下的南方高增和南方绩优两只基金进行研究，得出两只基金的确存在明显的反向交易行为的结论一致。但不存在年老基金为年轻基金"抬轿"的利益输送行为。

以资产规模为分类标准时，基金家族的系数 β 在 5% 的显著性水平上显著为正，说明基金家族内存在以大规模基金向小规模基金进行利益输送的现象。基金家族内同向交易量系数 ζ_1 和基金家族内反向交易量系数 θ_1 均不显著，表明在按照资产规模为区分标准定义高低价值基金时，基金家族内部的高低价值成员基金间不存在同向交易与反向交易，即基金家族不会用大规模基金为小规模基金买卖证券"抬轿"和"接盘"。

回归结果表明，基金家族没有利用同向交易进行利益输送。其原因应该是 2008 年后证监会把同向交易手段列为监管重点，因而基金家族不再以同向交易手段进行利益输送，而证监会没有监管的反向交易手段则成为基金家族利益输送的主要手段。

第四节　基金家族特征对利益输送的影响

一、基金家族特征的描述性统计

如表5—4所示，2007—2012 年这段时间内，本章所选取的样本基金家族的规模平均达到 463.2 亿元，每个基金家族平均管理着 6.27 只开放式股票型基金和混合型基金，家族平均年龄为 9.88 年，而且家族内成员基金间的规模差异是很大的。

表 5—4　　　　　基金家族的特征统计（2007—2012 年）

	基金家族规模（亿元）	家族内成员基金数量（个）	基金家族年龄（年）
均值	463.20	6.27	9.88
中位值	296.86	5.00	7.02
标准差	316.68	2.73	3.19

二、基金家族特征对利益输送影响的实证检验

前面理论分析表明，基金家族的规模、成员基金的数量和成员基金间的异质性与基金家族利益输送呈正相关关系，而基金家族的年龄与基金家族利益输送呈负相关关系。为了验证假设，建立如下模型，检验具有哪些特征的基金家族更容易实施利益输送行为：

$$Trades = \alpha + \beta_1(SameStyle) + \beta_2(FamilySize)$$
$$+ \beta_3(NumberFunds) + \beta_4(FamilyAge)$$
$$+ Controls + \varepsilon_{i,s,f,t} \qquad (5.2)$$

被解释变量 $Trades$ 是同一家族内高低价值基金反向交易量与同向交易量的总和。解释变量 $FamilySize$ 是指基金家族规模，用考察期家族管理的所有基金的总资产净值之和取对数值来衡量；$NumberFunds$ 是指基金家族中开放式成员基金的数量；$FamilyAge$ 是指基金家族年龄，即基金家族自成立日起至考察期止的成立年数。控制变量：基金规模，用高低价值基金总资产净值之和取对数值来衡量；基金年龄，指高低价值基金自成立日起至考察期止的成立年数之和。Hausman 检验表明应采用个体固定效应回归模型。回归结果如表 5—5 所示。

表 5—5　　　　　基金家族特征对利益输送的影响

	费率标准	业绩标准	年龄标准	规模标准
常数项（α）	−5.724 17*** (−16.087)	−6.390 55*** (−15.680)	−5.180 26*** (−5.995)	−7.075 81*** (−13.753)
风格哑变量（β_1）	0.152 12* (1.718)	−0.008 14 (−0.084)	−0.105 65 (−0.748)	0.035 18 (0.336)
基金家族规模（β_2）	0.261 08* (1.737)	0.712 40*** (3.881)	0.786 47*** (3.082)	1.676 00*** (8.118)
成员基金数量（β_3）	1.055 42*** (6.297)	0.819 34*** (3.896)	0.156 30 (0.437)	1.134 05*** (4.544)

续前表

	费率标准	业绩标准	年龄标准	规模标准
基金家族年龄（β_4）	−0.094 15 (−0.435)	−0.568 47*** (−2.614)	−1.661 64*** (−3.744)	−1.322 95*** (−5.420)
基金规模	0.193 52*** (2.594)	−0.051 45 (−0.670)	−0.501 80*** (−4.134)	−0.175 74 (−1.261)
基金年龄	0.269 06** (2.130)	0.411 62*** (3.080)	0.097 84 (0.258)	0.241 16 (1.469)
样本数	1 116	893	435	848
调整 R^2	0.101	0.062	0.072	0.138

由表5—5的回归结果可知，以费率为标准分类时，基金家族规模和成员基金数量的系数显著为正，说明规模更大、成员数量更多的基金家族更容易采取不公平的交易策略，这与前文的假设一致。基金家族年龄的回归结果不显著，虽然回归系数的符号与假设一致。这说明基金家族年龄对基金家族在高低费率基金之间实施不公平交易策略进行利益输送并无显著的影响。

以历史业绩为分类标准时，基金家族规模、成员基金数量的系数均在1%的显著性水平上显著大于零，表明规模更大、成员数量更多的基金家族更容易在不同业绩基金之间实施不公平交易策略，这与邓超和蔡奕奕（2005）研究发现大基金家族确实能够影响基金业绩的持续性的结论一致。规模大的基金家族，拥有的资源更多，其旗下可供选择的基金数量也多，基金家族更能方便灵活地在不同业绩基金之间输送利益。基金家族年龄的系数显著为负，说明成立时间较短的基金家族更容易采取不公平的交易策略，这与前文的假设一致，即年轻的基金家族为了在充满竞争的基金行业中迅速站稳脚跟，更有动机采取不公平的交易策略来打造明星基金，建立品牌效应，吸引更多的基金投资者的关注，从而获得更多的资金流入。

以基金年龄为分类标准时，基金家族规模的系数在1%的显著性水平上显著大于零，说明按照年龄为区分标准来定义高低价值基金时，大规模的基金家族更加偏好实施以牺牲老基金业绩为代价促进新基金业绩的不公平交易策略行为。基金家族年龄的系数显著为负，说明成立时间较短的基金家族更常用不公平的交易策略将年老基金利益输送给年轻基金，这与前文的假设一致。而成员基金间数量对基金家族在不同年龄基金间的不公平交易策略无显著影响。

以基金规模为分类标准时，基金家族规模和成员基金数量均在1%的显著性水平上显著大于零，这表明规模较大、拥有较多基金数量的基金家族更容易采取不公平交易策略，以牺牲大规模基金为代价补贴小规模基金，验证了前文的假设。基金家族年龄的回归系数显著为负，说明成立时间较短的基金家族更容易采取不公平的交易策略将规模大的基金利益输送给规模小的基金，同样与前文的假设一致。

通过实证考察基金家族特征对其实施不公平交易策略的影响，结论基本上验证了本章的前提假设。大规模的基金家族更加偏好在以费率、历史业绩、规模和年龄为分类标准的高低价值基金间实施不公平的交易策略。成立时间短的基金家族更加偏好在以业绩、规模和年龄为分类标准的高低价值基金间实施不公平交易策略。拥有成员基金数量较多的基金家族亦更容易实施利益输送行为。

第五节　结　论

本章从利益输送造成的成员基金业绩差异出发，实证检验了我国基金家族是否采取了不公平的交易策略，即同向交易与反向交易进行利益输送。研究结果表明：

基金家族内费率高—低基金之间和规模大—小基金之间业绩差异显著，表明确实存在由低费率基金向高费率基金以及大规模基金向小规模基金的利益输送行为，其中反向交易是低费率基金向高费率基金、历史业绩差基金向历史业绩好基金、年轻基金向年老基金利益输送的手段。但是没有证据表明基金家族之间存在同向交易的利益输送行为，原因可能是在证监会严密监管基金家族同向交易的情况下，基金家族放弃了这种利益输送行为，而是利用证监会没有监管的反向交易进行利益输送。同时，研究还发现，资产规模大的基金家族、拥有较多成员基金数量的基金家族和成立时间较短的基金家族更容易实施不公平交易策略。

根据本章的研究结果，监管层和基金投资者有必要监管基金家族以不公平交易策略为手段的利益输送行为。监管的重点应放在：（1）成立时间短、规模较大以及成员数量多的基金家族，因为研究结果表明，它们更可能会以不公平交易策略为手段进行利益输送。（2）在继续监控基金家族同向交易行为的同时，增加对同一基金家族内业绩差的基金是否为业绩好的基金、年老基金是否为年轻基金以及高费率基金是否为低费率基金卖出股票"接盘"行为的监管。（3）结果和行为并重。现有监管措施从基金家族不同投资组合的收益率差异入手监管基金家族利益输送行为。本章的研究表明，基金家族利益输送确实会造成成员基金之间的业绩差异，从利益输送的结果出发监管是合适的。监管层明确需要监管家族内基金间的同向交易行为，本章研究结果表明这也是合适的，但是同时也需要监管家族内基金间的反向交易行为。

第六章 基金家族利益输送的影响：
基于业绩差异的研究 [*]

第一节 引 言

我国基金不是独立法人，相当于基金家族的下属部门，这决定了家族内各基金必须服从家族整体利益最大化。基金家族的收益来自管理费。在固定费率制下，为了获得更多管理费收入，基金家族必须吸引更多的资金流入。业绩与资金流之间的凸性关系[①]使得家族内基金存在着高低价值之别，业绩好的基金能够为基金家族吸引更多的资金流，因而成为高价值基金；业绩差的基金则对资金流没有吸引力，成为低价值基金。但是，业绩差的低价值基金也不会引起资金大规模地流出。所以，对于基金家族来说，同时拥有一只业绩好和一只业绩差的基金比拥有两只业绩中等的基金能带来更多的资金流和管理费收入。在此条件下，基金家族从家族整体利益最大化出发，就会在高低价值基金之间进行利益输送，牺牲低价值基金的业绩以使高价值基金保持较好的业绩。

监管层一直对基金利益输送处于高压状态，2011 年修订的《证券投资基金管理公司公平交易制度指导意见》明确禁止基金家族的利益输送：基金家族应"在投资管理活动中公平对待不同投资组合，严禁直接或者通过与第三方的交易安排在不同投资组合之间进行利益输送"。"公司应分别于每季度和每年度对公司管理的不同投资组合的整体收益率差异、分投资类

---

* 本章部分内容以《基金家族利益输送：基于业绩差异的研究》为题发表在《经济学家》2012 年第 5 期。但本章的样本期和得到的结论与该文有所不同。

① K. C. Brown, W. V. Harlow , Laura T. Starks, "Of Tournaments and Temptations: An Analysis of Managerial Incentives in the Mutual Fund Industry," *Journal of Finance* , 1996, 51: 85-110. J. Chevalier, G. Ellison, "Risk Taking by Mutual Funds as a Response to Incentives," *Journal of Political Economy*, 1997, 105: 1167-1200.

别（股票、债券）的收益率差异以及不同时间窗内（如日内、5 日内、10 日内）同向交易的交易价差进行分析"。"价差"针对的是利益输送的短期表现，我们在上一章已经对基金家族通过同向交易进行利益输送的行为进行了研究。"收益率差异"是利益输送在较长时间内的表现，是利益输送的结果。那么，根据收益率差异标准监管基金家族利益输送是否合适？运用这个标准进行监管的侧重点是什么？要注意哪些问题？为了回答这些问题，本章结合证监会的监管标准，从业绩差异的角度对基金家族利益输送带来的影响进行实证研究，测度家族内部利益输送的规模。

　　本章的创新在于：研究基金业绩持续性的国内外文献重点关注业绩持续的时间以及前期业绩不同的基金在后期的持续性有何不同，很少有人注意到业绩持续带来的结果是业绩差异的持续。家族内如果暂时出现较大的业绩差异，原因可能是基金经理的投资失误或者受到外部冲击等偶然因素，但是如果业绩差异持续存在，就不能以偶然因素来解释了。本章从业绩差异的持续性角度研究基金家族的利益输送行为是一个创新。同时，家族内业绩差异大小是否正常还需要用一个正常的值作为对比，本章将样本分为全样本、大家族样本和家族内样本，并运用配比样本来比较业绩差异是否正常，更科学。国内缺乏对基金家族利益输送的影响的相关实证研究。本章是国内首次从业绩差异的角度研究基金家族利益输送的尝试。

第二节　文献研究与研究假设

一、业绩与资金流的关系

　　业绩与资金流的关系是基金家族利益输送的基石。对业绩与资金流的关系的研究发现，基金家族内不同业绩的基金吸引的资金流不同，因而不同基金对基金家族的价值不同，基金家族为了整体利益就会在高低价值基金间进行利益输送，从而使高低价值基金在业绩表现和持续性上都产生了明显区别。国外有大量研究证实了业绩与资金流之间的凸性关系。[①] 国

---

　① K. C. Brown, W. V. Harlow , Laura T. Starks, "Of Tournaments and Temptations: An Analysis of Managerial Incentives in the Mutual Fund Industry," *Journal of Finance*, 1996, 51: 85-110. J. Chevalier, G. Ellison, "Risk Taking by Mutual Funds as a Response to Incentives," *Journal of Political Economy*, 1997, 105: 1167-1200.

内，陆蓉等（2007）选取 2003 年至 2006 年的偏股型开放式基金研究发现，基金业绩提高并没有带来资金的净流入，反而表现为赎回的增加。投资者在赎回基金时发生了"反向选择"。不过，她们的研究使用基金的短期原始回报率指标来度量基金的业绩表现，并且采用平衡面板数据，其样本量也较少。近几年，我国有部分学者开始考虑使用中长期的相对业绩指标来衡量基金的业绩表现，同时采用非平衡面板数据尽量保持样本的完整性与代表性，结果发现我国基金市场上并不存在"赎回异象"，基金的资金流量与业绩之间表现出正反馈关系。如肖峻和石劲（2011）采用固定效应非平衡面板模型对我国 2005—2012 年间的 204 只基金的数据进行分析，发现基金投资者对滞后一期的年度序数回报率最为敏感，即基金回报率越高，投资者对该基金的净申购量越高。冯金余（2009）也应用了与肖峻等类似的非平衡面板模型和中长期业绩指标，研究发现基金的中长期业绩表现能对基金的资金净流量有正的影响，但是基金的短期业绩表现却导致"异常赎回"。所以，用什么样的指标衡量基金业绩以及研究样本时间的长短对结论可能有不同的影响。我们在第三章的研究用净值增长率、特雷诺指数和夏普指数衡量基金业绩，也发现了业绩与资金流之间的凸性关系。为了使研究更有稳健性，本章采用四因素模型来衡量基金业绩。

二、基金业绩差异和持续性

大量国外的研究发现，基金业绩在短期内具有持续性，但长期看持续性会消失。Goetzmann 和 Ibbotson（1994）发现上个半年业绩较好的基金有 62% 在下个半年继续保持了较好的业绩，业绩较差的基金则有 63.4% 在下个半年的业绩仍然较差。Hendricks，Patel 和 Zeckhauser（1993）发现在短期内基金的业绩具有持续性，业绩差的基金在近期内的表现持续低于市场回报率，业绩好的基金的表现则持续走高，并且业绩差的基金比业绩好的基金持续性要显著。Bollen 和 Busse（2004）按季度风险调整后的业绩将基金分为四个等级，发现最高等级基金的平均收益率是 39%，但是从更长的期间来看，这种超额收益现象却消失了，说明业绩表现持续优秀的基金只是一个短期现象，仅限于在一年内多次观察的情况下存在。Gaspar，Massa 和 Matos（2006）发现家族中的高低价值基金的投资风格净回报每月相差 6～28 个基点（年化收益为 0.7%～3.3%），并且在短期内业绩差异持续存在。

国内吴启芳、陈收（2003）以 1999—2001 年的 15 只基金为样本进行检验，结果显示基金的收益在 6～9 个月内具有一定的持续性，用过去6～9 个月的历史收益可以预测未来 6～9 个月的收益。李悦、黄温柔（2011）发现，只存在 6 个月的持续性，不存在一年期的持续性。

总体上看，国内外关于开放式基金持续性的研究文献结论较为一致，即基金业绩在短期内具有一定的持续性，长期看基金业绩持续性消失；研究方法上，一般使用原始回报率和风险调整回报率来衡量基金业绩，主要采用单因素模型，如詹森指数、夏普指数。李宪立（2007）发现，不同的基金超额业绩的计算方法对评价结果的影响很大，不同业绩指标下基金短期和长期业绩持续性不同。单因素模型对基金业绩的衡量考虑的影响因素并不全面，所以本章采用四因素模型衡量基金业绩。

三、基金家族规模与利益输送能力

基金家族进行利益输送必须具备一定的操作空间，如家族内要有足够多数量的基金。现有研究文献证实了大基金家族利益输送的操作空间更大、利益输送能力更强，从而对基金业绩产生两极化影响。Guedj 和 Papastaikoudi（2003）发现，基金家族在分配资源时并不是按照基金的需要来分配，而是为了扶植某些基金而分配资源，业绩好的基金更有可能分配到优秀的基金经理和优质的 IPO 资源。而基金家族在基金成员之间进行资源分配的能力与旗下基金数量有关。Benson，Tang 和 Tutticci（2008）发现，基金家族特征和资金流入相关，大基金家族的基金能够吸引更多的申购量。Gaspar，Massa 和 Matos（2006）发现家族内高低价值基金之间存在异常的业绩差异，这种差异的来源是利益输送，利益输送的水平与家族特征相关，在管理基金数量多、基金规模参差不齐的大家族利益输送更普遍。

国内研究基金家族利益输送的文献不多，但都证明了家族特征显著影响基金业绩。杨文虎（2009）采用 2003—2007 年间的基金数据，发现无论在牛市或是熊市，基金家族的规模特征都是影响基金业绩的重要因素。本书第四章和第五章也发现了基金家族规模和成员基金数量对基金家族内部利益输送有一定的影响。

综合上述分析，本章提出以下四个假设：

H1：大家族的高低价值基金的业绩差异显著且持续。

H2：大家族的高低价值基金的业绩差异高于全部家族内高低价值基金的业绩差异。

H3：大家族内部高低价值基金业绩差异高于大家族外部的。

H4：高低价值基金业绩差异和基金家族利益输送有关。

第三节 基金家族业绩差异持续性

一、样本选择与数据来源

本章选择 2007—2012 年的偏股型开放式基金为研究对象（去除了指数型基金）。由于业绩的持续性因素涉及 12 个月的业绩比较，本章摒弃了截止到 2012 年底成立时间小于一年的基金；考虑到基金业绩在短期内和长期看业绩持续性可能存在差异以及保留足够的研究样本的需要，本章将研究的时间周期确定为 6 个月和 12 个月。按照上述标准得到的基金数量为 426 只。

基金家族的样本选择涉及全样本、大家族样本和家族内排名样本。全样本即研究时间范围内的所有基金家族；大家族样本是指旗下基金数目大于 5 只的大基金家族；家族内排名样本包括大家族样本的所有基金，不同的是高低等级基金的排名方法是根据基金在家族内的相对业绩。

基金类型、投资风格数据来自色诺芬数据库，基金月度原始回报、基金家族的具体信息以及其他月度因素来自国泰安数据库和天天基金网。

二、四因素模型的构造

四因素模型在国外众多文献中经反复论证对业绩的衡量是比较全面和有解释力的（Carhart，1997），具体公式如下：

$$r_{i,t}-r_{f,t}=\alpha_i+\beta_i(MKTRF_t-r_{f,t})+s_iSMB_t+h_iHML_t$$
$$+p_iMOM_t+\varepsilon_{i,t} \tag{6.1}$$

其中，$r_{i,t}$ 代表基金的复权月度净值增长率，$r_{f,t}$ 代表无风险利率，用一年活期存款月利率来衡量。$MKTRF_t$ 代表市场收益，用沪深 A 股流通市值加权市场指数来衡量。SMB_t 与 HML_t 分别用来衡量基金投资组合的规模因素与账面市值比因素对基金业绩的影响，这两个因素构造过程如下：首先，以股票的流通市值作为规模衡量因素，以 6 个月为时间间隔。以第 t 年为例，我们先计算第 t 年 6 月底样本股票的流通市值（ME），然后将这些股票按照 ME 的大小等分为 2 组，标记为（S，B），分别衡量小盘股与大盘股。其次，计算（$t-1$）年底这些公司 A 股的账面市值比（BE/ME）。按照账面市值比的大小将股票分为 3 组，标记为（L，M，H），其中 L 为比值最低的 30%，M 为处于中间位置的比值 40%，H 为最高的 30%。最后，按照以上两种分组标记做股票分组的交集，可得到 6 组不同的股票组合，分别为 S/L、S/M、S/H、B/L、B/M、B/H。然后分别计算这 6 个股票组合的总市值和流通市值的加权平均月收益。基于这 6 个股票组合的月收益数据，计算 SMB 和 HML 因子，公式是：

$$SMB=[(S/L-B/L)+(S/M-B/M)+(S/H-B/H)]/3 \quad (6.2)$$
$$HML=[(S/H-S/L)+(B/H-B/L)]/2 \qquad\qquad (6.3)$$

动量因子 MOM 的构造借鉴 Carhart（1997）的方法，动量效应的时间间隔是 12 个月，选取（$t-1$）期表现较好的前 30% 的赢家股票组合的加权收益，减去（$t-1$）期表现较差的后 30% 的输家股票组合的加权收益，权数为组合内股票截至第 12 个月末的总市值。

三、基金业绩差异持续性研究方法

本章涉及排名期和检验期两个期间[①]，排名期将四因素模型中计算得出的每只基金的年度（半年度）α 值大小进行年度（半年度）业绩排名，并平均分为五个等级的基金组合，然后计算检验期五个等级基金组合的业绩，具体步骤如下（以大家族样本为例）：

（1）在（$t-1$）期期初（$t\geqslant1$）筛选出属于大家族的基金样本，利用上一节介绍的计算方法，得出根据四因素模型计算出的各基金在 t 期的 α 值。

（2）根据 t 期的 α 值从大到小将样本基金分为五个等级，第一等级为业绩排名处于前 20% 的基金（高价值基金），第五等级为业绩排名处于后 20% 的基金（低价值基金），以此类推构造五个等级基金组合。

（3）保持组合及组合内排序不变，以组合内各基金资产总额为权重，根据基金在 t 期的月度原始回报，计算各等级基金组合在 t 期的月度加权原始回报。

（4）1 到 t 期每期都重复上述三个步骤，这样每个等级基金组合都得出一组时间序列的月度加权原始回报值。

（5）将各等级基金组合的加权业绩再次代入四因素模型，得出十个组

---

① 以 t 期为例，（$t-1$）期为排名期，则 t 期为检验期。

合的回归结果，重点分析组合 1 和组合 5 的 α 值。

本章 H1 验证标准：计算大家族样本等级 1 和等级 5 基金组合的 α 差（1—5spread）。如果大家族样本的业绩差异显著为正，则表明高低价值基金组合的业绩差异是显著的并且是持续的。

本章 H2 验证标准：比较大家族样本和全样本在两个观察周期内的（1—5spread）值，若大家族样本显著大于全样本，则证明大家族样本高低价值基金业绩差异显著且持续地大于全样本。

本章 H3 验证标准：比较大家族样本和家族内排名样本在两个观察周期内的（1—5spread）值，若家族内排名样本（1—5spread）值显著大于大家族样本，则证明家族内部高低价值基金业绩差异显著且持续地大于家族外部的。

四、排名期实证分析

我们首先对数据做 Hausman 检验，根据检验结果选择固定效应模型。然后我们将各年的数据代入四因素模型，各年的回归结果如表 6—1 所示。

表 6—1　　　　　　　　　　四因素模型面板数据回归结果

	时间	α	β	s	h	p	调整 R^2
年度	2007	0.009***	0.745***	−0.368***	−0.025	−0.080***	0.703
	2008	0.002***	0.694***	0.243***	−0.518***	−0.090***	0.832
	2009	−0.003***	0.849***	0.041***	−0.219***	0.235***	0.869
	2010	−0.004***	0.777***	0.479***	−1.655***	0.139***	0.753
	2011	−0.003***	0.957***	−0.056***	−0.921***	0.184***	0.820
	2012	−0.001***	0.983***	−0.069***	−0.896***	0.158***	0.807
半年度	2007 上半年	0.011***	0.733***	−0.444***	0.043	−0.015	0.676
	2007 下半年	0.010***	0.721***	−0.527***	−0.084*	−0.258***	0.743
	2008 上半年	0.003***	0.761***	0.339***	−0.815***	−0.035*	0.827
	2008 下半年	0.002***	0.591***	0.423***	−0.814***	−0.281***	0.849
	2009 上半年	−0.007***	0.854***	−0.124***	−0.210***	0.372***	0.890
	2009 下半年	−0.002***	0.843***	0.219***	0.015	0.190***	0.859
	2010 上半年	−0.006***	0.923***	0.029	−0.707***	0.461***	0.773
	2010 下半年	0.001*	0.784***	0.558***	−1.543***	−0.054***	0.744
	2011 上半年	0.001***	0.983***	0.048***	−1.145***	−0.023	0.801
	2011 下半年	−0.003***	0.928***	−0.171***	−0.955***	0.153***	0.845
	2012 上半年	0.003***	0.964***	−0.143***	−0.739***	−0.017	0.778
	2012 下半年	−0.003***	0.950***	−0.153***	−1.180***	0.238***	0.840

由回归的结果可以看出，半年度和年度的四因素模型各变量的系数基本都显著，表明四因素模型包含的各因素在解释基金业绩方面是有力的；

其中，模型的截距项即经四因素调整后的基金业绩显著性非常好，说明以此业绩作为排名依据得出的结论是可靠的。

五、检验期实证分析

排名期回归得到基金每期的 α 值以后，根据业绩高低将基金划分为五个组合，保持组合不变，找出各组合在检验期的月度加权原始回报，最终得到了五组时间序列数据。经 DF 单位根检验，该序列是平稳序列。模型回归结果如表 6—2 至表 6—4 所示。

表 6—2　　　　　　　　　　全样本四因素模型回归结果

	组合	α	β	s	h	p
半年期	1	0.002** (2.245)	0.796*** (48.178)	0.000 (0.000)	−0.366*** (−4.866)	0.003 (0.086)
	2	0.000 (0.274)	0.800*** (48.825)	0.161*** (2.646)	−0.445*** (−5.968)	0.074* (1.844)
	3	0.001 (0.515)	0.756*** (40.771)	0.148** (2.150)	−0.518*** (−6.129)	0.054 (1.188)
	4	−0.002 (−1.484)	0.814*** (45.544)	0.195*** (2.936)	−0.617*** (−7.576)	0.199*** (4.549)
	5	−0.002* (−1.682)	0.793*** (41.555)	0.299*** (4.218)	−0.778*** (−8.956)	0.203*** (4.341)
	1−5spread	0.004*** (26.685 6)				
一年期	1	0.003*** (2.932)	0.768*** (48.306)	0.009 (0.146)	−0.319*** (−4.406)	−0.042 (−1.075)
	2	0.001 (0.951)	0.790*** (46.618)	0.102 (1.620)	−0.461*** (−5.971)	0.054 (1.303)
	3	−0.002 (−1.513)	0.762*** (45.408)	0.191*** (3.061)	−0.569*** (−7.439)	0.180*** (4.371)
	4	−0.001 (−0.709)	0.807*** (43.212)	0.186*** (2.669)	−0.687*** (−8.070)	0.164*** (3.597)
	5	−0.003** (−2.490)	0.810*** (43.460)	0.247*** (3.555)	−0.657*** (−7.736)	0.239*** (5.240)
	1−5spread	0.006*** (27.561 7)				

表 6—2 是全样本四因素模型回归结果。半年期和一年期组合 1、2、3、4 和 5 的组合业绩基本呈下降趋势，业绩最好的组合与业绩最差的组合的超额业绩差的（1—5spread）值分别为 0.004%（周收益率，年化 0.208%）和 0.006%（周收益率，年化 0.312%），在 1% 的水平上显著，

证明全样本基金在半年内和一年内都存在着显著的、持续的高低价值基金业绩差异。

表6—3是大基金家族样本四因素模型回归结果。不管半年期还是一年期，组合1、2、3、4和5的组合业绩基本呈下降趋势，业绩最高的组合与业绩最差的组合的超额业绩差的（1－5spread）值分别为0.006%（周收益率，年化0.312%）和0.007%（周收益率，年化0.364%），在1%的水平上显著，证明大家族样本基金在半年内和一年内都存在着显著的、持续的高低价值基金业绩差异。半年期和一年期大家族样本的超额业绩差的（1－5spread）值与全样本的差异分别为0.003%（周收益率，年化0.312%）和0.001%（周收益率，年化0.052%），也是显著的，证明内大家族样本的高低价值基金业绩差异持续地高于全样本。

表6—3　　　　　　　　大家族样本四因素模型回归结果

	组合	α	β	s	h	p
半年期	1	0.004*** (2.673)	0.754*** (31.904)	0.001 (0.016)	−0.245* (−2.274)	−0.080 (−1.383)
	2	−0.001 (0.728)	0.805*** (41.263)	0.324*** (4.464)	−0.292*** (−3.290)	0.175*** (3.657)
	3	0.000 (0.324)	0.772*** (41.804)	0.230*** (3.342)	−0.536*** (−6.374)	0.076* (1.684)
	4	−0.001 (−1.099)	0.791*** (40.335)	0.200*** (2.741)	−0.554*** (−6.198)	0.200*** (4.174)
	5	−0.002* (−1.957)	0.797*** (41.730)	0.352*** (4.951)	−0.643*** (−7.385)	0.233*** (4.980)
	1−5spread	0.006*** (23.635)				
一年期	1	0.004** (2.077)	0.773*** (46.139)	0.117* (1.871)	−0.390*** (−5.113)	0.010 (0.239)
	2	0.002 (1.451)	0.736*** (30.731)	0.149* (1.668)	−0.436*** (−3.996)	−0.015 (−0.256)
	3	−0.002 (−1.543)	0.808*** (41.087)	0.367*** (5.011)	−0.389*** (−4.342)	0.240*** (4.988)
	4	−0.001 (−1.078)	0.782*** (42.521)	0.234*** (3.414)	−0.635*** (−7.586)	0.174*** (3.857)
	5	−0.003** (−2.415)	0.821*** (43.738)	0.335*** (4.800)	−0.671*** (−7.858)	0.252*** (5.496)
	1−5spread	0.007*** (25.236)				

为进一步检验大家族是否会有选择地在家族内部对高低价值基金进行利益输送，本章进一步采用大家族内业绩作为排名标准，与在家族外部整个市场中的业绩排名进行对比。家族内部排名样本是将大家族样本所有基金作为观察对象，将所有样本基金按照家族分类，在同一家族内部按照 t 期的 α 值从大到小将样本基金分为五个等级，第一等级为业绩排名处于家族内前 20% 的基金，第五级为业绩排名处于家族内后 20% 的基金，以此类推构造五个等级基金组合。回归结果如表 6—4 所示。

表 6—4　　　　　　大家族样本内部排名四因素模型回归结果

	组合	α	β	s	h	p
半年期	1	0.003** (2.053)	0.736*** (31.732)	0.069 (0.804)	−0.321*** (−3.039)	−0.040 (−0.712)
	2	−0.001 (−0.616)	0.832*** (43.459)	0.298*** (4.186)	−0.312*** (−3.584)	0.144*** (3.074)
	3	−0.000 (−0.434)	0.772*** (42.939)	0.199*** (2.975)	−0.552*** (−6.748)	0.147*** (3.349)
	4	−0.002 (−0.581)	0.789*** (40.589)	0.215*** (2.975)	−0.599*** (−6.774)	0.164*** (3.457)
	5	−0.005*** (−3.681)	0.756*** (32.100)	0.492*** (5.938)	−0.716*** (−7.088)	0.293*** (5.052)
	1—5spread	0.008*** (23.832)				
一年期	1	0.006 (1.375)	0.785*** (48.802)	0.087 (1.449)	−0.363*** (−4.952)	0.059 (1.505)
	2	0.003* (1.715)	0.752*** (31.352)	0.125 (1.401)	−0.445*** (−4.072)	−0.043 (−0.740)
	3	−0.002 (−1.369)	0.818*** (41.072)	0.351*** (4.734)	−0.387*** (−4.264)	0.229*** (4.694)
	4	−0.002 (−0.823)	0.784*** (41.116)	0.232*** (3.267)	−0.598*** (−6.888)	0.152*** (3.265)
	5	−0.003** (−2.576)	0.791*** (41.592)	0.312*** (4.406)	−0.607*** (−7.018)	0.278*** (5.986)
	1—5spread	0.009*** (25.369)				

全样本和大家族样本一样，不管半年期还是一年期，组合 1、2、3、4 和 5 的组合业绩基本呈下降趋势，业绩最好的组合与业绩最差的组合的超额业绩差的（1—5spread）值分别为 0.008%（周收益率，年化

0.416%）和0.009%（周收益率，年化0.468%），在1%的水平上显著，证明家族内部不同业绩组合基金在半年内和一年内都存在着显著的、持续的高低价值基金业绩差异。6个月家族内排名样本的（1—5spread）值为0.008%，高于大家族样本和全样本，说明高低价值基金的家族内业绩差异在6个月内非常显著且持续，并意味着如果按照前6个月的家族内业绩排名持有高等级的基金6个月并卖掉低等级的基金，那么将会获得周均0.008%（年化0.416%）的收益，高于大家族样本和全样本的0.006%和0.004%。一年期家族内排名样本的（1—5spread）值为0.009%，高于大家族样本和全样本，说明高低价值基金的家族内业绩差异在一年内内非常显著且持续，并意味着如果按照前12个月的家族内业绩排名持有高等级的基金12个月并卖掉低等级的基金，那么将会获得周均0.009%、年化0.468%的收益，显著高于大家族样本和全样本的0.007%和0.006%。这意味着大基金家族内部拥有高于一般基金家族的高低价值基金业绩差异并且持续如此。至此，本章假设H1～H3均得到了验证。

第四节　业绩差异与基金家族利益输送

前面已经证明了半年期内大家族内部持续存在着高于大家族外部和全部基金的异常业绩差异。接下来根据大家族样本实证检验这种业绩差异是否和基金家族利益输送有关。

一、研究设计

本章选择属于大家族的基金样本。将过去6个月（12个月）业绩排名处于家族内前20%的作为高价值基金（H）、后20%的作为低价值基金（L）。

为了剔除基金投资风格因素对业绩差异的影响，本章使用"净风格回报"衡量基金业绩。风格因素的剔除方法如下：将 t 期与样本基金处于同一投资风格的所有基金的四因素模型 α 值按各自的市场价值加权平均，然后用样本基金的四因素模型 α 值减去这一加权平均值，得到的差值即是该基金的净风格投资回报。为解决选择偏误问题，本章还选取一个"配比基金"（LM）。配比基金具备以下三种属性：一是与原来的高低价值基金不属于同一个基金家族；二是与原来的低价值基金投资风格相同，并且二者的净风格业绩排名处于同一百分位上；三是 L 与 LM 之间是一一对应的关系，从满足前两个条件的基金中随机抽取。

将每个基金家族中的 H 与 L 找出来并配对，称之为"实际组"，计算每组中高低价值基金的净风格投资回报之差；接着将 H 与 LM 配对，称之为"配比组"，同样找出每组各基金的净风格投资回报之差。如果投资回报之差是由基金家族利益输送造成的，那么实际组的净风格投资回报之差应显著大于配比组。实证模型为：

$$Net\_return_{i,t}^{High} - Net\_return_{i,t}^{Low}$$
$$= \alpha + \beta(SameFamily) + \gamma(SameStyle) + Controls + \varepsilon_{i,s,f,t} \qquad (6.4)$$

其中，$Net\_return_{i,t}^{High}$、$Net\_return_{i,t}^{Low}$ 分别代表检验期第 t 期高价值基金 i 的净风格投资回报和该基金所对应的低价值基金的净风格投资回报。$SameFamily$、$SameStyle$ 是两个虚拟变量，当被解释变量的两基金处于同一基金家族中时为 1，处于不同家族中时为 0；相同投资风格时为 1，不同投资风格时为 0。如果 β 大于零，则证明基金家族内部利益输送是造成高低价值基金业绩差异的原因。

控制变量 $Controls$ 包括：高低价值基金的年龄差①、高低价值基金资产总值差的对数、高价值基金所处基金家族的家族年龄以及高价值基金所处基金家族的家族规模。

二、实证检验

首先对实际组和配比组高低价值基金业绩差异做单变量检验，结果如表 6—5 所示。可以发现，半年期和一年期实际组和配比组高低价值基金业绩都存在显著差异，并且实际组和配比组高低价值基金业绩也存在显著差异。这表明基金家族更偏好前期业绩好的基金，会对它们进行利益输送。

表 6—5　　　　　　　　基金家族利益输送的单变量检验结果

	6个月高低价值基金业绩差异	12个月高低价值基金业绩差异
实际组	0.11%*** （周均，年化 5.72%***）	0.27%*** （周均，年化 14.04%***）
配比组	0.065%*** （周均，年化 3.38%***）	0.21%*** （周均，年化 10.92%***）
两组之差	0.046 5%*** （周均，年化 2.418%***）	0.061%*** （周均，年化 3.12%***）

---

① 本章算法是高低价值基金成立日期的差值，差值为正，代表高价值基金较年轻，为负代表低价值基金较年轻。

　　然后对实际组和配比组高低价值基金业绩差异进行回归。根据 Hausman 检验结果选择随机效应模型。模型的回归结果如表 6—6 所示。

表 6—6　　　　　　　　基金家族利益输送的多变量回归结果

变量	6 个月	12 个月
家族哑变量（β）	0.001*** (6.866)	0.002*** (8.940)
风格哑变量（γ）	−0.001*** (−9.098)	−0.001*** (−10.165)
基金年龄	0.000*** (4.508)	0.000*** (6.827)
基金规模	0.000*** (13.167)	0.000*** (5.011)
家族规模	0.000 (1.151)	−0.000*** (−3.926)
家族年龄	0.000*** (10.082)	0.000*** (8.141)
常数项	−0.001*** (−5.361)	0.002*** (13.048)
样本数	20 192	15 178
调整 R^2	0.028	0.026

　　半年期和一年期回归结果的 β 值都显著大于 0，因而证明了基金家族内部在 6 个月和一年内存在利益输送现象。控制变量中基金年龄和基金规模在 10% 的水平上显著为正，表明年轻基金和小规模基金更可能成为利益输送的对象；基金家族规模的回归系数在一年期显著为负，说明规模越小的基金家族越可能进行利益输送，而家族年龄显著为正，说明成立时间比较近的基金家族更可能进行利益输送，结果与第四章和第五章基本一致。

第五节　结　　论

　　我国基金不是独立法人，相当于基金家族的下属部门，这决定了家族内各基金必须服从家族整体利益最大化。基金家族从整体利益最大化的角度出发有在高低价值基金之间进行利益输送的动机，牺牲低价值基金的业绩，打造业绩好的高价值基金。基金家族持续的利益输送行为必定导致高低价值基金业绩出现持续的差异。本章利用四因素模型，以 6 个月和 12 个月时间为周期研究了大家族样本与全样本以及家族内外高低价值基金的业绩差异，并进一步研究了这种业绩差异与基金家族利益输送的关系。发现：

　　基金家族高低价值基金之间存在显著持续的业绩差异，并且这种业绩差异与利益输送有关。大基金家族的高低价值基金的业绩差异显著并持续，业绩好的基金比业绩差的基金年化回报率高出 0.364%～0.624%。大家族内部存在更加明显的显著持续的高低价值基金业绩差异现象，业绩好的基金比业绩差的基金年化回报率高出 0.468%～0.832%。进一步的研究表明这种业绩差异和基金家族利益输送有关。家族内部利益输送造成业绩好的基金比业绩差的基金的业绩在半年内年化回收率高出 0.832%。

　　监管层利用业绩差异标准来监管基金利益输送行为，本章研究结论证实了这是一个有效的标准。本章研究还表明，监管层在监管基金家族利益输送时，应注意以下几点：（1）定期跟踪基金家族内部的按照历史业绩划分的高低价值基金的净风格收益的差异。因为业绩差异和利益输送方向在一年期都是持续的，因而现有监管方法中用年度周期是恰当的，但同时建议增加半年度周期。（2）建议用基金的净风格收益作为衡量利益输送的标准。（3）应特别关注年老基金向年轻基金、大基金向小基金的利益输送问题以及成立年限比较短、规模比较小的基金管理公司的利益输送问题。

第七章 公募基金与社保组合之间的利益输送

第一节 引 言

基金行业发展迅猛，截至 2014 年 12 月，根据万德数据库统计，我国共有 95 家基金管理公司，管理着 1 763 只开放式基金。基金管理公司也正从单一的公募基金管理机构发展为综合性财富管理公司，一些大基金管理公司除了管理传统的公募基金之外，还同时管理着多样化的财富管理产品，如专户理财、企业年金、养老金、社保基金组合等。由于专户理财、企业年金等财富管理项目属于私人性质的理财产品，相关数据不公开，所以虽然如第二章所分析的，公募基金与相关专户理财、企业年金理论上都存在利益输送，但我们无法进行研究。但是我们可以从公开的网站或者数据库中找到社保组合的持仓数据，因而本章聚焦于公募基金与社保组合之间的利益输送。

2003 年全国社保基金理事会把一部分社保基金组合（以下简称社保组合）委托给一部分具有较强实力的基金管理公司进行管理。到 2010 年为止，有华夏基金、博时基金等 9 家基金管理公司，一共管理着 52 个社保组合①，其中偏股型社保组合有 18 个。

根据本书的数据统计，2003—2012 年基金管理公司管理的社保组合年均投资收益率在 17.06%，业绩显著高于关联②基金管理公司管理的股票型

---

① 到 2012 年为止共有 59 个社保组合，其中 4 个组合由全国社保基金理事会自己管理，另外 3 个由中国国际金融公司管理，剩下的 52 个组合分别由 9 家基金管理公司管理，分别是：博时 9 个、华夏 7 个、嘉实 7 个、鹏华 6 个、长盛 6 个、易方达 5 个、南方 5 个、招商 4 个、国泰 3 个。2010 年后新增的 8 家基金管理公司，由于本书研究需要较长期的数据，没有考虑。

② 如果社保组合和公募基金处于同一基金管理公司管理之下，本书称它们之间存在"关联"关系。

公募基金（11.04％）。由同一基金管理公司管理，理应具有相似的研究能力和管理能力，为什么社保组合业绩显著地高于关联公募基金？那些拥有社保组合管理资格的基金管理公司有没有将自己管理的公募基金向其管理的社保组合进行利益输送，从而造成社保组合业绩显著高于关联基金？国内外对此问题的研究相对缺乏。国外的研究主要集中在共同基金和养老金计划产品之间的利益输送。Cohen 和 Schmidt（2009）发现，基金为了获得 401（K）计划受托资金而过多地持有 401（K）计划客户公司的股票。Ying Duan，Edith S. Hotchkiss 和 Yawen Jiao（2015）则发现，共同基金会利用其管理的企业养老金计划提供的信息来卖出该企业股票并从中获利。相对于国外，国内对基金家族内公募基金与其他产品之间的利益输送问题的相关研究基本停留在对利益输送现象的简单介绍上。王华兵（2009）发现，专户理财会导致基金管理公司利益输送行为的发生。赵迪（2008）以长盛基金为例，分析了其基金旗下管理的公募基金和社保基金交叉持股的行为，认为其有可能存在对社保基金进行利益输送的可能。总而言之，国内关于社保基金和其管理者之间的利益关系并没有很深刻的研究，许多研究只是停留在介绍性质上，并没有比较完善的理论阐述；国内并没有系统地对同时管理社保基金的基金管理公司存在利益输送行为进行实证分析，并指出其之间的利益输送是否存在。基于以上不足，本章试图通过实证研究检验管理社保组合的基金管理公司是否将公募基金利益输送给关联社保组合。研究分为三步：

第一步，首先根据季度持股数据对基金管理公司管理的偏股型社保组合和关联股票型基金的业绩进行评估，以实证检验社保组合的业绩是否显著高于关联股票型基金。

第二步，把全体公募股票型基金分为两组，一组为基金管理公司同时管理着社保组合的股票型基金，另外一组为未同时管理社保组合的股票型基金。进行这样分组的目的是为了对两组基金的业绩进行比较研究，从另外一个角度分析社保组合对于其相关家族的旗下基金的业绩是否存在显著的影响。如果基金管理公司同时管理着社保组合的股票型基金的业绩显著差于未同时管理着社保组合的股票型基金，那就是说管理社保组合使其关联公募基金业绩更差，其原因可能和基金管理公司将旗下公募基金利益输送给关联社保组合有关。

第三步，关注社保组合持股特征和交易行为，尤其是社保组合和关联基金是否有严重的共同持股、同向以及反向交易的情况，以更进一步探究社保组合以及股票型基金之间收益的差距是否是利益输送的结果，利益输送是不是通过同向、反向交易而实现的。

第二节　理论分析与研究假设

虽然基金管理公司内部公募基金管理部门和社保组合管理部门之间存在"防火墙"，但是它们都不是独立法人，而只是基金管理公司下属各个部门，这决定着一方面这些部门都需要以公司利益最大化为目标，另一方面基金管理公司有权力操纵这些部门的行为，比如它们的投资方向都是由公司投资决策委员会决定的。因此，基金管理公司可能在内部各部门之间进行利益输送，如牺牲公募基金业绩，把公募基金利益输送给社保组合，以做好社保组合的业绩。

为什么基金管理公司会有动机把公募基金利益输送给社保组合呢？这里有三个原因。第一，社保组合是基金管理公司稳定的收益来源。目前这9家基金管理公司管理的社保组合规模巨大，最高为博时基金管理有限公司的580亿元，最低也有200亿元。[①] 第二，基金管理公司承受着来自社保组合的巨大压力。社保基金理事会对于授予社保组合的管理权是非常谨慎且严格的。一般只有业绩优秀的大基金管理公司才能获得社保基金的托管权。而在2008年后，社保理事会定期对基金管理公司管理的社保基金进行考核，一旦业绩不佳，就有可能面临被剥夺管理的权利，业绩好的则追加委托资产。而对于公募基金，虽然也需要向基金投资者公布业绩，但即使业绩不佳，后果也仅仅是投资者赎回投资份额，而基金管理公司仍然可以按照固定管理费率收取管理费，一定程度上旱涝保收。第三，有资格管理社保组合的基金管理公司都是规模大、管理能力强、投资业绩好的基金管理公司，这是基金管理公司声誉的重要体现。如果基金管理公司因为业绩不佳被剥夺社保组合管理权的话，这对基金管理公司的声誉是沉重的打击。所以，对于基金管理公司来说，确保其管理的社保组合良好的业绩非常重要。为了做好社保组合的业绩，在投研能力、管理能力有限的情况下，基金管理公司可能选择将公募基金的业绩输送给社保组合。而如果基金管理公司把公募基金利益输送给社保组合，就会导致其管理的社保组合业绩显著好于其管理的公募基金。据此提出本章假设H1。

H1：基金管理公司管理的社保组合业绩显著好于其管理的公募基金。

---

① 鹏华530亿元，嘉实和南方各500亿元，长盛400亿元，招商250亿元，国泰、易方达、华夏各200亿元。

目前在所有 72 家基金管理公司中，只有 18 家规模大、管理能力强的基金管理公司有资格管理社保组合。理论上，具有管理社保组合资格的基金管理公司规模大、管理能力强，其管理的公募基金业绩理应好于其他没有管理社保组合资格的基金管理公司管理的公募基金业绩。但是如果它们把其管理的公募基金利益输送给社保组合，那么仍然可能造成其管理的公募基金业绩差于其他没有管理社保组合资格的基金管理公司管理的公募基金业绩。据此提出本章假设 H2。

H2：同时管理社保组合的基金管理公司旗下的公募基金业绩显著差于未同时管理社保组合的公募基金业绩。

如果本章假设 H1 和 H2 被证实，那么社保组合与同一基金管理公司旗下公募基金业绩以及管理与未管理社保组合基金存在业绩差异。这个差异的存在使得我们怀疑是基金管理公司将公募基金的利益输送给社保组合造成的。但是基金管理公司是怎么把其管理的公募基金利益输送给社保组合的呢？根据第五章的分析，公募基金为社保组合"接盘""抬轿"等关联交易行为可能也是公募基金向社保组合进行利益输送的重要行为。据此提出本章假设 H3。

假设 H3：同一基金家族的股票型基金向其关联社保基金进行利益输送。

第三节　业绩差异的实证研究

一、样本与数据

由于社保组合的信息披露有限，我们只能够获得其季度的持股数据，数据来源于天天基金网。因此，本书选取股票型社保组合作为研究对象，共 19 只社保组合，数据区间为 2003 年第四季度至 2012 年第四季度。[①]具体如表 7—1、表 7—2 所示。

表 7—1　　　　　　　　基金管理公司管理的股票型社保基金

社保基金组合	基金管理公司
社保 101 组合	南方基金管理有限公司
社保 102、103、108、501 组合	博时基金管理有限公司

---

① 因为社保组合本身数量较少，为了尽可能增加研究样本，本章把研究样本区间扩展为 2003—2012 年，包括了全部社保组合。

续前表

社保基金组合	基金管理公司
社保 104、503 组合	鹏华基金管理有限公司
社保 105、603 组合	长盛基金管理有限公司
社保 106、504、602 组合	嘉实基金管理有限公司
社保 107 组合	华夏基金管理有限公司
社保 109、502、601 组合	易方达基金管理有限公司
社保 110、604 组合	招商基金管理有限公司
社保 111 组合	国泰基金管理有限公司

资料来源：天天基金网。

表 7—2　　　　　　　　　　社保基金的描述性统计

时间	社保基金数量	股票持仓市值
2003 年 12 月	8	14.1 亿元
2004 年 12 月	11	41 亿元
2005 年 12 月	17	70.9 亿元
2006 年 12 月	17	210 亿元
2007 年 12 月	17	181 亿元
2008 年 12 月	19	99.4 亿元
2009 年 12 月	19	270 亿元
2010 年 12 月	19	379 亿元
2011 年 12 月	19	183 亿元
2012 年 12 月	19	377 亿元

资料来源：天天基金网。

　　第二部分样本数据为股票型开放式基金的业绩等数据，其中剔除了成立期不足一年的样本，共计 325 只公募股票型基金，分属 64 个基金管理公司。我们把股票型基金进一步分为主动管理型基金以及被动管理型基金。其中，指数型基金等指数追踪型基金为被动管理型基金，其他为主动管理型基金。社保组合和股票型公募基金业绩的描述性统计如表 7—3 所示。

表 7—3　　　　　　　　　　业绩描述性统计

变量	全样本		主动管理型		被动管理型	
	平均数	标准差	平均数	标准差	平均数	标准差
R_1	0.042 661 7	0.226 476	0.042 661 7	0.226 476	0.042 661 7	0.226 476
R_2	0.026 134 6	0.231 613	0.027 913 4	0.239 656	0.023 236 6	0.224 587
R	0.016 527 1*	0.207 409 3	0.014 748*	0.207 409 3	0.019 425 1*	0.215 286

　　说明：$R = R_1 - R_2$。此处对于 R 做了差异的 T 检验，*表示在 10% 的显著性水平上两者有显著的差异。

表 7—3 中，R_1 表示的是社保组合的季度持股收益率，R_2 表示的是与其关联的股票型基金的持股季度收益率，$R=R_1-R_2$，为两者之差。描述性统计显示，社保组合的持股业绩显著优于与其关联的股票型基金，不管是主动管理型还是被动管理型。

本章研究使用的数据来自 WIND 数据库、国泰安数据库以及天软数据库。实证分析中使用到的数据具体如表 7—4 所示。

表 7—4 样本数据一览

	净值收益率	十大重仓股	重仓股增减持情况	资产净值、资金净流量等控制变量
公募基金月度数据	√	×	×	×
公募基金季度数据	√	√	√	√
社保组合	×	√	√	×

说明：表中"√"表示可得数据，"×"表示在公开披露信息中不可得的数据。

二、社保基金与关联股票型公募基金业绩差异的实证分析

我们采用四因素模型计算社保基金和相关公募基金的业绩。四因素模型的具体形式如下：

$$\alpha_i = r_{i,t} - r_{f,t} - \beta_i(MKT_t - r_{f,t}) - s_i SMB_t - h_i HML_t$$
$$- p_i MOM_t - \varepsilon_{i,t} \tag{7.1}$$

其中，$r_{i,t}$ 表示基金 i 在 t 时期的区间净值收益率，$r_{f,t}$ 表示 t 时期的无风险收益率，MKT_t 表示市场收益率，用上证指数的区间收益率衡量。在上述模型中，α_i 就是模型对于研究对象基金的整体业绩评价指标，用于判断基金整体是否获得了超额的收益。若 α_i 大于 0，我们可以认为基金的整体业绩在控制了各种因素后是显著好于市场收益的；相反，若 α_i 小于 0，则可以认为基金的整体业绩并没有获得超额的收益率。SMB_t 表示规模因素，代表的是 t 时期，对于全体股票市场而言，小市值股票与大市值股票的区间收益率之差。本章使用申银万国市场风格系列指数对于模型中的三个变量进行计算。HML_t 表示模型中的价值因素，代表 t 时期低账面市值比与高账面市值比的股票区间收益率的差。这里同样采用申万价值系列指数进行计算。MOM_t 表示模型中的动量因素，是一定时期内高收益股票与低收益股票之间的收益之差。本章根据 Carhart（1997）的时间划分方法，采用半年作为时间间隔，以此来衡量市场的动量效应。具体的做法是，首先对于（$t-1$）期的全部上市公司的股票区间收益率进行排名，然后分别

提取区间收益排名前 30％以及后 30％的股票组成高收益组股票以及低收益组股票。接下来分别计算两组股票区间收益率的平均值，然后相减便得到动量效应的 t 时期的参数。具体计算方法同第六章。

　　由于无法取得社保组合的净值收益率数据，因而在这里，我们根据社保组合和股票型基金季度持股情况计算其持股收益率。在做面板数据回归之前，我们首先做了 F 检验以及 Hausman 检验，检验结果表明需要采用固定效应效应模型进行回归。回归结果如表 7—5 所示。

表 7—5　　　　　　　　　　　　四因素模型回归结果

	社保组合	全部基金	主动管理基金	被动管理基金
mkt	0.642***(24.99)	0.528***(21.31)	0.628***(22.48)	0.624***(25.11)
smb	0.037 1(0.98)	0.018 1(0.42)	0.028 9(0.55)	0.023 4(1.42)
hml	−0.121*(−2.32)	−0.152**(−2.97)	−0.169**(−3.00)	−0.161**(−2.97)
mom	0.112*(2.50)	0.095 3*(2.18)	0.089 3**(2.68)	0.105 3**(3.18)
α	0.019 1*(2.48)	0.012 6**(2.69)	0.008 8(1.33)	0.010 3*(2.88)
R^2	0.351 2	0.334 4	0.364 8	0.311 1

　　回归结果显示，社保组合的常数项（即 α）在 1％的显著性水平上显著为正，表示用持股收益率来衡量，社保组合整体来说取得了 1.91％的超额收益；管理社保组合的基金管理公司管理的全部股票型基金、主动管理型基金和被动管理型基金也分别取得 1.26％、0.88％和 1.03％的超额收益。接下来，本章分别用社保组合的超额收益减去全部基金、主动管理基金、被动管理基金的超额收益得到差并做了 T 检验。结果表明，社保组合业绩与关联全部股票型基金业绩差及社保组合业绩与主动管理基金业绩差在 10％的显著性水平上显著为正。也就是说，社保组合的业绩要显著高于相关股票型公募基金和主动管理型基金 0.65％和 1.03％。但社保组合与关联被动管理基金的差异并不显著。本章假设 H1 得证。

　　总结来说，我们发现社保基金的整体业绩要好于与其相关的股票型基金特别是关联的主动管理基金，因此我们猜测股票型基金特别是主动管理基金有向关联社保组合进行利益输送的嫌疑。

三、管理与未管理社保组合的关联基金业绩差异的实证分析

　　由于在上面的研究中，我们只能获得社保组合的持股收益，这可能影响结果的准确性，所以，接下来我们从管理与未管理社保组合的公募基金业绩差异角度进行分析。如果在其他条件相同的情况下，管理了社保组合的公

募基金业绩要显著差于未管理社保组合的公募基金业绩,那么,管理了社保组合的公募基金业绩差于未管理社保组合的公募基金的原因只能是管理社保组合的基金管理公司将其管理的公募基金业绩输送给了社保组合。为实证检验这个问题,我们首先实证检验管理和未管理社保组合的基金管理公司旗下公募基金是否存在显著的业绩差异,然后用面板回归的方法找出这种差异的来源。

我们首先下载所有相关基金管理公司旗下的股票型基金 2003 年 10 月到 2012 年 12 月的月度净值收益率,然后根据该基金管理公司是否同时管理了社保组合进行分组。比如,对于招商基金管理有限公司来说,2004 年12 月份开始管理偏股型社保基金 110 组合,那么对于招商基金管理有限公司旗下的股票型基金在 2004 年 12 月之后的时间里,就归为管理了社保组合关联基金一组;而 2004 年 11 月以及以前的时间,招商基金旗下其他的股票型基金就归为未管理社保组合的基金一组。其他自始至终都没有管理社保组合的基金也归为这一组。值得注意的是,由于未管理社保组合的基金管理公司管理能力和研究能力理论上都要弱于管理社保组合的基金管理公司,因而理论上未管理社保组合的基金一组的业绩应较差。

如表 7—6 所示,本部分的原始数据包括了 111 个月的时间跨度,与社保基金相关的股票型基金有 156 个,无关的有 468 个。其中,与社保基金相关的基金中有 96 个基金属于主动管理型基金,有 60 个属于被动管理型基金;与社保基金无关的基金当中主动管理型基金有 311 个,被动管理型基金有 157 个。全样本下,与社保基金相关的基金月度净值收益率的平均值为0.657%,与社保基金无关的基金月度净值收益率的平均值为 0.701%。可以看出,与社保基金相关的平均收益要略小于与社保基金无关的平均收益,而收益的波动要稍大。而主动管理型样本中,与社保基金相关的基金月度净值收益率的平均值为 0.601%,与社保基金无关的基金月度净值收益率的平均值为 0.751%,两者之间的差异比全样本下要大。这与管理社保组合的基金管理公司主动管理能力更强的理论预期不一致。被动管理型样本中,与社保基金相关的基金月度净值收益率的平均值为 0.702%,而与社保基金无关的基金月度净值收益率的平均值为 0.681%,与社保基金相关的基金月度净值收益率的平均值要略微高于与社保基金无关的,符合理论预期。为什么与社保基金关联的主动管理型基金业绩要比与社保基金无关的主动管理型基金业绩差?我们怀疑,原因是基金管理公司将基金利益输送给社保组合。当然,这需要进一步的证据。

表7—6　　　　　　　　　　　样本基金业绩的描述性统计

		涉及基金数量	净值收益率平均值(月)	净值收益率标准差
全样本	社保组合相关基金	156 个	0.657%	4.93
	社保组合无关基金	468 个	0.701%	4.84
主动管理型基金	社保组合相关基金	96 个	0.601%	5.03
	社保组合无关基金	311 个	0.751%	4.95
被动管理型基金	社保组合相关基金	60 个	0.702%	4.86
	社保组合无关基金	157 个	0.681%	4.74

接下来,我们对与社保组合关联和无关的基金做回归。首先使用 DF 检验,结果表明所涉及的时间序列数据都是平稳的。接下来采用四因素模型进行线性回归。

从全样本的四因素回归结果来看,与社保基金相关以及与社保基金无关的两组基金的四因素 α 都在 5% 的显著性水平上大于零,表示这两组基金都获得了超额收益率。而当以两组基金的差 R 作为被解释变量时,我们发现两组基金业绩差的四因素 α 并不显著,因此我们得出:与社保基金相关联的股票型基金及与社保基金无关的基金的四因素 α 并无显著差异。不过,当我们把研究的样本分为主动管理型以及被动管理型两组进行分别回归后,发现主动管理型基金的分组回归结果与全样本下产生了区别:与社保相关的基金的四因素 α 在 5% 的显著性水平上显著小于与社保无关的基金的四因素 α。而在被动管理型基金分组下,回归结果则与全样本下相似,与社保相关和无关的基金之间的四因素 α 并无显著差异(见表7—7)。

综上所述,我们发现主动管理型基金分组下的社保相关联基金的四因素 α 值显著小于与社保无关联的基金,而在被动管理型基金分组下则无显著差异。

接下来,我们将采用面板回归(采用季度数据[①])的方法对与社保基金相关的股票型基金的业绩进行研究。使用以下模型:

$$\alpha_{i,t}=a+b_1 Dummy_{i,t}+b_2 \ln(TNA)_{i,t-1}+b_3 \ln(FamilyTNA)_{i,t-1}$$
$$+b_4 \ln(Age)_{i,t}+b_5 Expense_{i,t-1}+b_6 Flow_{i,t-1}+e_{i,t} \qquad (7.2)$$

①　由于基金净值等变量每个季度才公布一次,因此这部分回归使用季度数据。

表7—7

回归结果

	全样本			主动管理型基金			被动管理型基金		
	R_1	R_0	R	R_1	R_0	R	R_1	R_0	R
mkt	0.541***	0.528***	0.013 2*	0.642***	0.628***	0.015 5*	0.642***	0.624***	0.014 4*
	(2.69)	(22.63)	(21.31)	(2.55)	(24.99)	(22.48)	(2.95)	(32.43)	(25.11)
smb	0.028 0	0.018 1	0.009 94	0.037 1	0.028 9	0.010 94	0.034 5	0.023 4	0.007 924
	(1.11)	(0.68)	(0.42)	(1.11)	(0.98)	(0.55)	(1.34)	(1.02)	(1.42)
hml	−0.132**	−0.152**	0.020 0	−0.121*	−0.169**	0.019 8	−0.142**	−0.161**	0.012 3
	(1.66)	(−2.67)	(−2.97)	(1.87)	(−2.32)	(−3.00)	(1.79)	(−2.87)	(−2.97)
mom	0.108*	0.095 3*	0.013 0	0.112*	0.089 3**	0.009 0	0.134*	0.105 3**	0.025 0
	(1.20)	(2.57)	(2.18)	(1.43)	(2.50)	(2.68)	(1.22)	(2.49)	(3.18)
α	0.013 1**	0.011 7**	−0.000 719	0.008 8*	0.016 2**	−0.011 9**	0.014 3**	0.012 2**	0.000 665
	(0.93)	(2.68)	(2.69)	(−0.62)	(2.50)	(2.92)	(−2.62)	(2.87)	(2.88)
R^2	0.457 1	0.347 8	0.234 7	0.444 7	0.378 7	0.247 9	0.574 7	0.459 8	0.212 1
N	111	111	111	111	111	111	111	111	111

说明：R_1 表示与社保基金关联的股票型基金的月度净值收益率，R_0 表示与社保基金无关的股票型基金的月度净值收益率。R 表示两者之差。

我们选择四因素 α 作为被解释变量，表示基金 i 在 t 时期的四因素值。而在计算基金的 α 之前，我们需要对于每一只基金进行四因素模型的回归，再通过每个时期的估计系数来计算该时期基金 i 的 α 值。本书以基金家族为单位，在样本期内每年对基金的季度净值收益率进行四因素模型的估计，以此控制回归的工作量。在对于 α 的计算中，本书使用三个业绩作为基准，一是净值收益率，二是持股收益率，三是回报差异（return gap）。

净值收益率的计算方法和第三章相同。持股收益率：

$$EquityHoldingReturn_{i,t} = \sum_i \mu_{i,t} \times Ret_{i,t} \tag{7.3}$$

其中，$Ret_{i,t}$ 表示基金持仓组合中股票 i 在季度 t 的区间期末价格与期初价格之差，$\mu_{i,t}$ 表示股票 i 在 t 季度占该基金持仓组合的市值比例。回报差异：

$$Return\,Gap = r_{i,t} - EquityHoldingReturn \tag{7.4}$$

其中，$r_{i,t}$ 表示基金 i 在 t 时期的净值收益率。回报差异等于基金的净值收益率减去其股票持仓区间收益率。本书把基金的净值收益率分解为持股收益率和回报差异两部分。Kacperczyk 等（2008）首次提出了"回报差异"的概念，认为回报差异可能是由于基金经理在基金信息披露期间所做出的不被公众所知道的行为（即"隐性行为"），比如说是由于在期间进行了持股仓位的调整，也有可能是由于期间交易所产生的交易费用等。总的来说，就是那些与持股收益无关，但是会影响到基金业绩的行为。Cici（2010）使用回报差异这一概念，对同时管理公募基金和对冲基金以及只管理公募基金的两组基金家族的业绩进行实证分析，发现这两组之间的回报差异在剔除交易费用后存在显著差异（前者显著小于后者），因此认为基金家族很可能通过隐性行为向旗下的对冲基金进行利益输送。

虚拟变量 $Dummy$ 表示是否与社保基金相关，与社保基金相关的股票型基金定为 1，无关的定为 0。控制变量 $\ln(TNA)$、$\ln(FamilyTNA)$、$\ln(Age)$、$Expense$ 和 $Flow$ 分别为基金资产净值、基金所在基金家族的资产净值、基金已经成立的年限、基金总费率和资金净流入。各变量的描述性统计如表 7—8 所示。

表 7—8　　　　　　　　　　描述性统计

	$Reported\,\alpha$	$Holding\,\alpha$	$Gap\,\alpha$	$\ln(Age)$
全样本	0.012 6	0.071 1	−0.050 0	1.041 7
主动管理型基金	0.010 2	0.070 8	−0.060 7	1.053 6
被动管理型基金	0.029 0	0.002 1	0.014 8	0.942 6

	$\ln(FundTNA)$	$\ln(FamilyTNA)$	$Expense$	$Flow$
全样本	21.721 5	5.841 8	1.728 9	−0.155
主动管理型基金	21.721 5	5.841 8	1.788 6	−0.177
被动管理型基金	21.802 5	6.639 45	0.784 5	0.101

表 7—9 中，$Reported\ \alpha$ 是用基金净值收益率计算出的四因素 α，$Holding\ \alpha$ 是用基金持股收益率计算出的四因素 α，回报差异 $Gap\ \alpha$ 是基金净值收益率与持股收益率之差。

根据 Hausman 检验采用混合面板模型进行估计。回归结果如表 7—9 所示。

从全样本回归结果中我们可以看出，无论是净值收益率 α、持股收益率 α 还是回报差异 α 作为被解释变量，虚拟变量 $Dummy$ 都不显著。也就是说，我们没有充分的理由证明与社保基金组合相关的股票型基金的业绩、持股收益和与社保基金组合不相关的基金有显著的差异，而且表示基金私下行为的差异 α 也没有显示出显著的差异。不过，当我们把回归的样本分为主动管理型和被动管理型分别进行回归后，我们发现，在主动管理型基金样本中，当被解释变量是净值收益率 α 和持股收益率 α 时，管理社保基金的虚拟变量 $Dummy$ 在 5% 的显著性水平上显著为负。也就是说，与社保基金关联的主动管理型基金比与社保基金无关的主动管理型基金的净值四因素 α 值要小。但回报差异 α 的差异并不显著，说明主动管理型基金收益差异的来源主要是持股收益方面的差异，并不是基金私下行为导致的。而在被动管理型基金样本中，两者差异并不显著，回归结果与全样本类似。对于这种现象的存在，我们认为，对于主动管理型基金来说，基金管理公司对于其控制和主导权更强，因而可能被基金管理公司操纵把利益输送给关联社保组合；而被动管理型基金由于其跟踪指数的要求，其可操控性并不是太强，因此对社保基金进行某种利益输送的可能性也较低。

第四节　社保基金与关联公募基金利益
输送行为的实证分析

一、研究方法

前面实证分析表明，总体来看，社保组合持股业绩要显著好于与其关联

表7—9

面板回归结果

	全样本			主动管理型基金			被动管理型基金		
	Reported α	Holding α	Gap α	Reported α	Holding α	Gap α	Reported α	Holding α	Gap α
Dummy	-0.005 90	0.002 7	-0.007 19	-0.016 8*	-0.011 8*	-0.004 94	0.012 1	0.011 5	0.007 3
	(0.58)	(-0.62)	(1.47)	(-0.71)	(-2.66)	(-2.29)	(-0.46)	(1.50)	(0.51)
ln(Age)	-0.027 2***	-0.024***	-0.003 12	-0.034 6***	-0.028 5***	-0.006 14	-0.038**	-0.025**	-0.113**
	(-3.11)	(-4.43)	(-4.25)	(-0.48)	(-5.26)	(-4.75)	(-0.88)	(-3.19)	(-3.00)
ln(FundTNA)	0.004 94	0.011 9***	-0.008 6*	0.004 52	0.010 4***	-0.005 92	0.014 2*	0.028 8	0.096 4
	(1.96)	(1.53)	(4.05)	(-2.51)	(1.31)	(3.32)	(-1.61)	(2.24)	(0.71)
ln(FamilyTNA)	0.004 05	-0.008 56*	0.013 0**	0.006 99	-0.005 43	0.012 4*	-0.090 0	0.057 2	-0.139*
	(-2.59)	(0.92)	(-2.14)	(2.76)	(1.49)	(-1.27)	(2.49)	(-1.66)	(1.29)
Expense	0.009 70	0.021 3	-0.013 3	-0.016 5	-0.008 57	-0.007 93	0.011 5	0.001 37	-0.001 93
	(-0.65)	(1.12)	(0.71)	(-1.45)	(-1.44)	(-0.82)	(-0.65)	(1.24)	(0.83)
Flow	1.1e-11***	1.8e-11***	-4.5e-12	1.1e-11***	2.1e-11***	-9.7e-12***	8.5e-11***	3.5e-11***	4.4e-11***
	(4.76)	(3.77)	(6.72)	(-1.41)	(3.64)	(7.38)	(-2.90)	(3.91)	(4.62)
_cons	-0.108	-0.151**	0.089 2	-0.058 7	-0.075 7	0.017 0	-2.695**	-1.051	-1.347
	(-1.50)	(-1.68)	(-2.58)	(1.30)	(-0.82)	(-1.17)	(0.22)	(-2.97)	(-1.42)
R²	0.121 4	0.097 4	0.051 2	0.111 2	0.125 7	0.081 4	0.097 8	0.087 1	0.067 4
N	3 389	3 389	3 389	2 202	2 202	2 202	1 187	1 187	1 187

的基金管理公司旗下的股票型基金，特别是对于主动管理型公募基金更是如此，但对于被动管理型公募基金则不存在业绩差异。但是，这种业绩差异到底是主动管理型基金向关联社保组合进行利益输送导致的，还是因为其他原因导致的，还不能够确定，虽然我们能确定这种差异来自持股业绩的差异。由于这种业绩差异来自持股差异，因此接下来将对社保组合以及关联股票型基金持股数据做进一步的研究，以探究它们的业绩差异是否来自利益输送。

社保组合与关联股票型基金的业绩差异可能来自两者不同的投资风格。因此，本部分的研究使用净风格回报对两者进行比较。所谓净风格回报，就是对于每一个研究的基金组合，在某一个时间以它的持股业绩减去与其同类型基金的平均业绩，从而剔除了投资风格方面的影响；对于社保组合，则等于每一个社保组合在每一个时期的持股业绩减去其他社保基金的平均业绩。

为了进一步探究社保组合与关联股票型基金之间持股特征方面的信息，本书对每一个时间区间（季度）社保组合公布的股票持仓数据与关联股票型基金的持股数据一一进行比对，找出它们两者之间同时持有的股票。如果发现它们两者之间在同一个报告期持有同一只股票，我们认为它们有共同持股的现象。同时，我们还会根据其仓位变动数据来判断它们在该期间进行了正向或者反向的交易。

社保组合与关联股票型基金业绩之间的差异有可能来自基金家族有意为之的利益输送，也有可能是其他原因造成的。为控制其他因素的影响，在剔除投资风格因素后，我们采用配比的研究方法，在已经剔除社保组合以及关联股票型基金持股业绩的风格因素之后，将待研究的社保组合和关联股票型基金定义为实际组，在每一个时期随机抽取与该关联股票型基金同类型的基金（即与关联股票型基金的规模以及净风格收益处于同一个百分位的非同一家族基金），与待研究的社保组合形成配比组。理论上，由于实际组中股票型基金与配比组中股票型基金在投资风格、规模和净风格收益率上相同，因此，如果它们与关联社保组合的业绩差存在差异的话，那么，这种业绩差异就很可能来自基金管理公司将旗下股票型基金利益输送给关联社保组合。这是因为，如果基金管理公司有意用旗下股票型基金的利益补贴社保组合的话，那么处于同一基金家族的社保组合的净风格收益将显著优于关联股票型基金的净风格收益，并且实际组业绩差异大于配比组。所以，如果我们经实证研究发现实际组中社保组合与关联股票型基金的净风格收益差异要显著大于配比组的差异，那么我们就有理由认为这种业绩差异是基金管理公司将旗下公募基金利益输送给社保组合造成的。

二、社保组合持股与交易行为的实证分析

我们采取 Elton（2007）的方式，用下面的指标衡量两个组合的股票共持程度：

$$Cohold(A,B) = \sum \min(A\%, B\%) \tag{7.5}$$

其中，$Cohold$ 表示组合 A、B 的股票共持程度，$A\%$ 以及 $B\%$ 表示组合 A、B 在某一报告期，对于同一只股票持有市值占其各自股票市值的百分比，共持程度就以两者的较小值作为衡量标准。假设组合 A 在报告期 t 持有五粮液股票占其市值的 4%，同时组合 B 持有五粮液股票占其市值的 5%，那么共持程度就为 4%。最后，我们将两只股票同一期共持程度之和相加，得到组合 A、B 该时期的总共持程度。

如果我们通过研究发现社保组合和关联基金存在共同持股的行为，我们就可进一步通过分析共持股票的持仓变动值来判断两者有没有发生同向交易（$SameTrades$）或反向交易（$OppsiteTrades$）。比如说，社保组合 A 在 t 时期持有五粮液股票并且发生了 $+100$ 万的持仓变动，而基金 B 同时持有五粮液股票并发生 $+200$ 万的持仓变动，那么我们认为 A、B 在 t 时期发生了 100 万的同向交易（本章取绝对值较小的交易量作为交易量衡量标准）。反之，若 B 基金发生了 -100 的持仓变动，那么我们认为 A、B 在 t 时期发生了 100 万的反向交易量。最后，我们把同向、反向交易量进行相加，再除以 A、B 的股票市值，就得到 t 时期标准化的同向反向交易量。

从 7—10 所示统计结果来看，社保组合和与社保基金关联的股票型基金的共同持股程度、同向交易量以及反向交易量均大于与社保基金无关的股票型基金。

表 7—10　　股票型基金与社保组合共持程度及同向、反向交易额的统计

	共同持股程度	同向交易量	反向交易量
与社保基金关联的股票型基金	0.453 771 887	6.81	6.68
与社保基金无关的股票型基金	0.108 038 836	0.814	1.04

说明：同向交易量以及反向交易量都是经过标准化的指标，并不是绝对交易量的值。

为研究共同持股、同向、反向交易是否形成了业绩差异，我们采用模型如下：

$$Ret_{i,t}^A - Ret_{j,t}^B$$
$$= \alpha + \beta(SameFamily) + \zeta(SameTrades) + \theta(OppositeTrades)$$
$$+ p_1(Cohold | SameFamily) + \zeta_1(SameTrades | SameFamily)$$
$$+ \theta_1(OppositeTrades | SameFamily)Controls + \varepsilon_{i,s,f,t} \qquad (7.6)$$

其中，$Ret_{i,t}^A$表示社保组合的净风格回报，$Ret_{j,t}^B$表示股票型基金的净风格回报；$SameFamily$表示的是同一基金家族的虚拟变量，当 A、B 两只基金（组合）属于同一家族时，取 1，不属于同一家族时，取 0；$SameTrades$、$OppositeTrades$表示的是该时期 A、B 两只基金（组合）的同向及反向交易量。（$SameTrades | SameFamily$）为变量$SameTrades$与$SameFamily$的交乘项，同理，（$OppositeTrades | SameFamily$）为变量$OppositeTrades$与$SameFamily$的交乘项，（$Cohold | SameFamily$）表示共同持股程度与$SameFamily$的交乘项，$Controls$为股票型基金市值、社保组合市值、基金管理公司总资产净值、基金年龄（对数值）等有可能影响被解释变量的控制变量。

根据 Hausman 检验，我们使用混合面板模型进行回归。回归结果如表 7—11 所示。

表 7—11   向社保组合利益输送的回归分析

	系数	t 值
家族哑变量	0.280***	(3.66)
共同持股程度	0.057 1*	(2.14)
同向交易量	0.016 12	(1.20)
反向交易量	0.029 64*	(2.20)
家族内共同持股程度	0.034 7	(1.02)
家族内同向交易量	0.018 13	(1.00)
家族内反向交易量	0.021 94*	(2.19)
社保组合持仓市值	0.056 85**	(2.78)
股票型基金持仓市值	0.067 78	(1.11)
基金年龄	0.071*	(1.99)
基金管理公司资产净值	−0.031 2	(−0.91)
调整 R^2	0.069 4	
N	2 322	

家族哑变量在 1% 的显著性水平上为正，表示如果社保组合与配对基金处于同一个基金家族的话，那么它们之间的净风格差异就较大，而如果它们不属于同一个基金家族的话，它们之间的差异就相对较小，这说明了同一家族下的股票型基金向其相关联的社保基金进行利益输送。共同持股程度对净风格收益之差有正的影响，表示共同持股程度越高，二者的业绩差异越大，但是当我们进一步观察家族内部共同持股的回归系数时，发现

其对净风格收益之差无显著的影响，表示家族内部共同持股并不是造成社保组合与关联基金业绩差异的原因；而同向交易量系数不显著，表示并不存在以同向交易为手段的利益输送。反向交易量在 10% 的显著性水平上为正，同时家族内反向交易量显著为正，表明家族内公募基金有为关联社保组合卖出股票"接盘"的利益输送行为。这个结果与第五章得到的基金家族内高价值基金向低价值基金进行利益输送的结果一致。实际上，社保组合相对于公募基金，对基金管理公司而言也是"高价值"组合，因而也会有低价值公募基金向其进行利益输送，采取的手段也一样。

三、稳健性检验

前一部分的实证研究发现了基金管理公司有通过其旗下的公募基金向其社保组合进行利益输送的行为，而利益输送的形式是反向交易。本部分在前一部分的基础上进行稳健性检验，模型如下：

$$\alpha_{i,t}=a+b_1(SameTradeDummy)_{i,t}+b_2(\ln(TNA))_{i,t-1}$$
$$+b_3(\ln(FamilyTNA))_{i,t-1}+b_4(\ln(Age))_{i,t}$$
$$+b_5(Expense)_{i,t-1}+b_6(Flow)_{i,t-1}+e_{i,t} \tag{7.7}$$

$$\alpha_{i,t}=a+b_1(OppositeTradeDummy)_{i,t}+b_2(\ln(TNA))_{i,t-1}$$
$$+b_3(\ln(FamilyTNA))_{i,t-1}+b_4(\ln(Age))_{i,t}$$
$$+b_5(Expense)_{i,t-1}+b_6(Flow)_{i,t-1}+e_{i,t} \tag{7.8}$$

$$\alpha_{i,t}=a+b_1(CoholdDummy)_{i,t}+b_2(\ln(TNA))_{i,t-1}$$
$$+b_3(\ln(FamilyTNA))_{i,t-1}+b_4(\ln(Age))_{i,t}$$
$$+b_5(Expense)_{i,t-1}+b_6(Flow)_{i,t-1}+e_{i,t} \tag{7.9}$$

这里，解释变量 $(SameTradeDummy)_{i,t}$ 表示该股票型基金与关联社保组合之间同向交易量的排名分位数的虚拟变量，$(OppositeTradeDummy)_{i,t}$ 表示反向交易量的排名分位数的虚拟变量，$(CoholdDummy)_{i,t}$ 则表示共同持股的排名分位数的虚拟变量。以同向交易为例，具体的做法是，我们筛选出所有与社保组合相关的股票型基金的季度数据，然后按照其与社保组合同向交易量的排名百分数赋予虚拟变量。比如，A 基金与其相关社保基金的同向交易量排在所有基金的前 20%，那么 $Q_1\_SameTradeDummy$ 就赋值 1，如果该基金与相关社保组合的同向交易量排在前 20%~40%，那么 $Q_2\_SameTradeDummy$ 就赋值 1，以此类推。反向交易量以及共同持股的处理方法与此类似。

稳健性检验结果如表 7—12 所示，表明在对基金与社保组合同向交易

表7—12　稳健性检验结果

		(1)		(2)		(3)	
		Reported α	Adj-R²	Holding α	Adj-R²	Gap α	Adj-R²
同向交易量	Q1	-0.012 3 (-0.62)	0.111 9	-0.009 8 (-1.47)	0.091 1	-0.007 19 (-0.71)	0.068 4
	Q2~Q4	0.021 2 (1.88)	0.112 1	0.015 7 (1.47)	0.091 4	0.009 7 (-0.71)	0.067 3
	Q5	0.051 4* (2.41)	0.112 4	0.067 8* (-2.39)	0.091 2	-0.008 7 (-0.44)	0.067 4
反向交易量	Q1	-0.104 91*** (-3.13)	0.101 2	-0.092 7** (-2.70)	0.081 2	-0.010 81 (-0.92)	0.058 5
	Q2~Q4	-0.054 4* (-2.45)	0.101 2	-0.067 8* (-2.39)	0.081 4	0.009 6 (0.67)	0.058 5
	Q5	-0.034 5 (-1.95)	0.101 1	-0.029 8 (-1.59)	0.081 1	-0.009 7 (-0.94)	0.058 4
共同持股	Q1	-0.010 1 (-0.88)	0.112 0	-0.011 7 (-1.22)	0.098 7	-0.009 26 (-0.78)	0.072 4
	Q2~Q4	0.021 9 (1.75)	0.112 1	0.024 9* (2.27)	0.098 7	0.011 7 (1.23)	0.072 4
	Q5	0.019 4 (1.51)	0.112 0	0.014 8 (1.59)	0.098 6	0.009 1 (0.57)	0.072 3
	N	835		835		835	

量进行排名后，我们并没有发现与关联社保组合同向交易量高的基金业绩显著较差，反而发现在同向交易量后 20％的基金业绩在 10％的显著性水平上较好，也就是说与社保组合关联性不大的基金业绩较好；而对于反向交易，与社保组合反向交易量排名靠前的关联基金的业绩相对较差，这与上面的分析得到的结果——公募基金与社保组合存在以反向交易为手段的利益输送——结论一致。对于共同持股，也没有发现基金业绩差异与共同持股程度有显著的差异，也就是不存在以共同持股为手段的利益输送行为。这表明前面的回归结论是可靠的。

第五节　结　论

首先，本章对社保组合及其关联基金管理公司的股票型基金业绩进行了研究，采用四因素模型对两者业绩及业绩差异进行了评估。得到的结论是，总体来看，社保组合持股业绩要显著好于与其关联的基金管理公司旗下的股票型基金，特别是对于主动管理型公募基金更是如此，但对于被动管理型公募基金则不存在业绩差异。其次，本章从另外一个角度分析同时管理社保组合的基金管理公司旗下基金与未同时管理社保组合的基金管理公司旗下基金之间的业绩差异，以此来说明管理社保组合到底对关联基金产生多大的影响。本章基于四因素模型的回归发现，从全体股票型基金样本来看，管理社保组合和未管理社保组合的基金管理公司之间的股票型基金并未产生明显的业绩差异。但是，与社保组合关联的主动管理型基金业绩要比与社保组合无关联的主动管理型基金业绩要差，而与社保组合关联的被动管理型基金业绩同与社保组合无关联的被动管理型基金业绩无显著差异。最后，本章分析社保基金组合的持股特征，发现：在社保组合和与其相关的股票型基金的实际组中，它们的共同持股程度以及同向、反向交易数量要显著大于社保组合与不相关股票型基金的配比组。回归分析发现，基金管理公司旗下股票型基金确实有向关联社保组合进行利益输送的行为，这种利益输送是通过反向交易的手段实现的。

不过，基于数据的限制，我们对于社保组合业绩的评价是基于每个季度末公布的持股数据，我们并不能完全了解它在季度内所产生的一些交易行为，比如说何时买卖股票，等等，相关的股票型基金同样存在这个问题。这有待取得更多数据后再做进一步研究。

第八章　基金家族与券商之间的利益输送

第一节　引　言

2005 年，证监会改革了新股发行制度，实施了一种类似成熟资本市场的询价配售制度，由此开启了中国新股发行市场化改革进程。但询价配售制的实施也暴露出一些问题，如 IPO 高抑价、"业绩变脸"、创业板"三高"现象等，其中承销商和询价对象之间的利益输送问题特别引人关注。2012 年 4 月 28 日，证监会发布《关于进一步深化新股发行体制改革的指导意见》，严禁承销商（一般为券商，下文不再区分承销商和券商）违反规定直接或通过其利益相关方向参与认购的投资者提供财务资助或者补偿，向推荐的询价对象输送利益。这表明 IPO 询价配售中的承销商和询价对象之间的利益输送问题已经引起监管层高度重视。那么，在 IPO 询价配售实践中，到底存不存在承销商和询价对象之间的利益输送行为？如果存在，这种利益输送行为具体又是如何发生的呢？

证监会 2007 年 2 月 16 日《关于完善证券投资基金交易席位制度有关问题的通知》指出"基金管理公司应根据本公司情况，合理租用证券公司的交易席位，降低交易成本。基金管理公司不得将席位开设与证券公司的基金销售挂钩，不得以任何形式向证券公司承诺基金在席位上的交易量"。但 2012 年易方达基金管理有限公司支付券商的佣金率达 0.86‰，而同期散户最低佣金率只有 0.3‰。[①] 基金管理公司（基金管理公司旗下基金形成家族，在本章中基金管理公司等价于基金家族）作为券商的大客户，理

---

① 参见新华视点：《揭秘基金公司的佣金"黑洞"》，见 http://news.xinhuanet.com/politics/2012-10/30/c_113547723.htm。

应获得更优惠的佣金率，然而实际情况却是它们佣金支付的佣金率比散户要高出近三倍。基金家族为什么愿意支付如此之高的佣金？基金家族支付高佣金获得了什么好处？据 WIND 数据库统计，2005—2011 年中国新股上市首日收盘价平均高于发行价 65.95%，IPO 资源成为"香饽饽"，投资者趋之若鹜，打新收益也构成基金家族重要的收益来源。这不得不使人们怀疑基金家族佣金支付和承销商 IPO 配售之间存在某种利益输送关系。

询价配售制的核心在于赋予承销商和询价对象在市场中讨价还价形成新股发行价格的权利，引导询价对象披露市场信息，提高 IPO 定价效率。但是，如果询价配售制改革使得承销商和基金家族利益输送行为泛滥的话，则不仅仅损害了基金投资者和 IPO 发行人的利益，还会对中国新股发行制度改革产生严重的负面影响。区别于以往研究从宏观制度变化出发研究 IPO 发行效率的视角，本章从新股配售作为一种利益输送工具的视角出发，实证分析在 IPO 配售过程中承销商和基金家族之间是否存在利益输送行为，即承销商是否用高抑价的 IPO 资源交换基金家族的交易佣金。本章的研究为现行询价配售制度效率提供了一种非传统视角下的解释，对改革新股发行制度，约束询价配售制度中的利益输送行为具有重要意义。

第二节　文献回顾

一、国外研究

国外关于承销商如何将 IPO 配售给机构投资者主要有两种观点：

1. 信息生产理论

信息生产理论认为，询价配售制度作为一种信息收集机制，核心在于通过利用机构投资者的信息优势及专业能力，最大限度地从机构投资者的询价行为中发掘新股的市场需求信息，最终使新股发行价格切合真实价值，提高定价效率。Benveniste 和 Spindt（1989）认为机构投资者在股票发行中作为"知情投资者"，比发行人和承销商掌握更多关于市场需求的私人信息。而询价配售制度可以通过累计投标询价过程诱导机构投资者揭示它们所拥有的私人信息。Sherman 和 Titman（2002）的研究表明，承销商为了最大化信息获取，需要选择多个表明了私人需求价格和数量的投资者。但是当获取信息需要成本时，如果抑价水平较低，机构投资者预期从抑价中获得的打新回报不足以弥补获取信息所需要的成本，因而可能拒绝参与询价。所以，为了诱导更多机构投资者参与询价揭示市场信息，承销商会使 IPO 保持足够的抑价水平，并有偏地配售更多的新股给揭示了私人信息的机构投资者以补偿其信息生产成本。在实证研究中，Hanley 和 Wilhelm（1995）对 1983—1988 年美国资本市场、Cornelli 和 Goldreich（2001）对 39 个国家 IPO 配售进行的实证研究，都发现 IPO 更多地配售给了提供信息的机构投资者。

为了获取市场需求信息，有效降低抑价，Sherman（2000）和 Benveniste 等（2002）主张承销商应与同一行业内掌握行业信息的机构投资者建立长期合作关系，并根据这种长期合作关系配售 IPO。Cornelli 和 Goldreich（2001）、Jenkinson 和 Jones（2004）的实证研究也表明承销商在 IPO 配售时更青睐长期投资者。

2. 承销商偏好理论

Aggarwal，Prabhala 和 Puri（2002），以及 Jenkinson 和 Jones（2004）在实证研究时发现，机构投资者的新股获配量与首日回报间具有正相关关系。其中一个原因与信息生产理论相一致，即投资者在售前表达了更为强烈的需求信息时，将会获配更多新股作为揭示私人信息的补偿，也就获得了更高的首日回报。但是，机构投资者新股获配量中也包含了一些信息生产理论不能解释的信息。他们从中推测承销商可能利用 IPO 配售权偏袒经纪客户，从而提出承销商偏好理论。

承销商偏好理论认为，承销商偏好将 IPO 资源配售给那些能够为其带来额外收益的机构投资者。机构投资者的主体是基金家族。基金家族租用券商的交易席位买卖证券形成的交易佣金构成券商的重要收益来源。由于 IPO 是基金家族稳定而丰厚的收益来源，因而承销商可能用 IPO 资源去交换基金家族的佣金。Nimalendran，Ritter 和 Zhang（2007）认为，基金家族支付的佣金数量影响着承销商的 IPO 配售行为，承销商偏好将热门 IPO 更多地配售给那些为其支付了更多佣金的基金家族。他们选取了 50 只最活跃的流通股票，研究这些股票在首次发行上市后短时间内的成交量，发现基金家族通过做大活跃股票的成交量，为承销商贡献佣金以交换承销商的热门 IPO。Ritter 和 Zhang（2007）认为承销商和基金之间的利益交换的具体形式是，承销商根据基金的佣金数量配售热门 IPO，基金再通过过多的不必要的交易制造佣金以把利益返还给承销商。他们发现，IPO 抑价影响新股上市后的交易频率和交易数量，IPO 抑价每增加

100万美元就会导致新股上市6日内交易佣金上升1.3%。Reuter（2006）发现，在1996—1999年美国首日回报为正的新股中，基金家族获配量与支付给承销商的佣金之间存在着正相关关系，基金家族通过支付佣金换取承销商的热门新股。Jenkinson和Jones（2004）也通过问卷调查发现了机构投资者租用承销商的交易席位支付的佣金是影响新股配售最重要的因素。

承销商偏好理论还认为，当承销商与机构投资者之间存在股权联系时，承销商可能会更加偏好和其有股权联系的基金（即关联基金）。Ritter和Zhang（2007）认为，承销商为了提高关联基金的业绩，可能配售更多热门新股给关联基金。他们的实证研究发现了相关的证据。他们也认为，关联基金也可能获配冷门新股：当冷门新股的需求弱时，为完成承销，承销商可能把这些冷门新股分配给关联基金；同时，当承销商为了获得更多的佣金收入把热门新股分配给非关联基金时，关联基金也可能获配更多的冷门新股。Johnson和Marietta（2009）研究了首次发行上市后不同基金家族持有新股的行为，发现基金家族更多地持有股东券商承销的新股，表明可能存在基金家族支持券商承销IPO的行为。Hao和Yan（2011）则进一步发现关联基金大规模地持有券商股东所承销的新股，持有的数量是非关联基金的两倍，并且新股质量越差，这种持有行为越明显，最终导致关联基金业绩显著差于非关联基金。

二、国内研究

国内研究较多地集中在询价配售制度对IPO定价效率的影响上。张文杰（2007）利用最优机制建立新股分配模型，发现承销商配售更多的新股给机构投资者，可以更好地利用机构投资者的私人信息发现新股的真实价值。侯晓鸿和韩鑫（2012）通过对机构投资者报价中传达的价值信号的研究，发现机构总会非理性报价，使发行价格高于真实价值。邵新建等（2011）认为，中国现在实行的询价制已经赋予了承销商对新股的实际定价权，他们利用询价机构在新股发行中的报价数据、承销商的估值数据研究新股定价，发现承销商会利用询价对象的投资情绪，通过价值研究报告中的估值引导，诱使询价机构报高价，以抬高发行价格，达到增加承销保荐费用的目的。

对于机构投资者信息生产与新股获配量之间的关系，国内缺乏实证方面的研究，但存在一些理论模型研究。苟思（2006）指出，中国两级询价制度使得初次询价与网下获配量相脱离，承销商不能对初步询价中询价对象的信息生产行为做有效的补偿，导致新股获配量与信息生产不相配，会出现"搭便车"的现象。刘钰善和刘海龙（2009）引入了发行底价，建立了新股发行与配售的模型，证明了具备适当的折价发行水平和相应的配售条件时，知情投资者会被激励去进行信息收集和传递。李宁（2011）指出，承销商为了减少发行风险而抑价发行可以调动投资者情绪，但是当承销商具有 IPO 配售权时，他们就不会选择抑价发行，而是会将股票配售给被认为是理性投资者的关联投资者，这类投资者可以通过对市场情绪的了解相机出售获配股票，同时承销商可以获得抑价部分剩余。

只有少量研究涉及了新股发行中承销商和机构投资者之间的利益输送问题。刘玉灿等（2005）实证研究了 2000—2003 年的 IPO 样本，发现机构投资者参与的新股比向二级市场投资者定价配售的新股有更好的收益，他们据此认为可能存在承销商向机构投资者输送利益的行为。何剑（2009）研究了 1989 年底至 2005 年底的 IPO，发现法人获配比例与新股首日回报呈正相关关系，首日回报越高的新股，法人获配越多，承销商通过法人配售机制进行利益输送。但这些研究都不是基于询价配售制度的研究。彭文平（2013）研究了 2005—2012 年询价配售制度下基金申购新股的行为，发现存在基金向承销商输送利益的现象。在配售冷门新股以及熊市期间进行 IPO 配售时，基金为承销商当"托"，申购较难发行的新股。但是，他没有发现承销商基于佣金偏好而用 IPO 资源交换基金家族佣金的现象。

国内外的研究都表明，单纯信息生产理论并不足以解释询价配售制度下机构投资者 IPO 获配量；国内外都可能存在承销商基于偏好而有偏地向机构投资者配售新股的行为。但是，中国还缺乏这方面的实证研究。本章基于承销商偏好理论，对 2005 年以来的询价配售制度下基金家族佣金支付与新股获配量之间的关系进行实证研究，以求从经验上揭示询价配售制度下承销商和机构投资者之间有没有以及如何进行利益输送。

第三节　理论、假设与模型

2005 年，中国 IPO 发行和承销制度实行了改革，实施了一种和成熟市场类似的询价配售制度。其主要内容是：（1）通过向机构投资者询价的方式确定新股发行价格；（2）按申购数量的比例或通过摇号的方式向询价

对象配售新股；（3）当新股申购不足时中止发行；（4）网下配售新股实施
3 个月的锁定期。

中国的询价配售制度与成熟市场最大的不同在于承销商没有直接向机
构投资者配售新股的权利，而只能依据机构投资者申购数量按比例或摇号
间接配售。在取消承销商直接配售权后，承销商不能直接把不同品种的
IPO 配售给基金家族。但是，在按比例或摇号配售制度下，IPO 申购量决
定了基金家族的最终获配量。所以，在中国询价配售制度下，承销商仍然
能够影响基金家族的 IPO 获配品种和数量。承销商可以将其了解到的
IPO 的信息告知相关基金家族，通知其多申购或少申购，从而相应地使相
关基金家族多获配或少获配，即所谓"间接配售机制"①。所以，理论上
取消承销商直接配售权并没有从根本上杜绝承销商和基金家族之间的利益
输送。实际情况正是如此。2012 年证监会《关于进一步深化新股发行体制
改革的指导意见》明确禁止向询价对象输送利益。相关实证研究也证实了
承销商通过股权关系、研究报告等影响着询价对象的报价和 IPO 配售。②

承销商如何利用其间接配售权分配 IPO 资源，取决于承销商的偏好，
而影响承销商偏好的因素主要有以下三种：

（1）承销保荐费。证券公司作为 IPO 的承销保荐商，获取的收入主
要由承销保荐费构成。该部分收入一般与新股发行价格正相关，因此承销
商希望通过提高发行价格，获得更多的承销保荐费用，而高发行价格也有
利于获得后续承销业务；但由于预计到高发行价可能伴随着"破发"，投
资者可能会放弃申购，因而过高的发行定价也增加了 IPO 失败的风险。
所以，为了保证 IPO 成功，承销商和机构投资者之间可能发生利益输送：
承销商可能会用高抑价的"热门"IPO 交换机构投资者更多地申购可能
"破发"的"冷门"IPO。本章称之为承销费偏好。

（2）关联基金家族业绩。截至 2011 年底，中国现有的 60 家基金管理
公司中，证券公司作为直接控股股东或第一大股东的有 34 家，此外有 14
家有证券公司参股。券商作为股东，在承销 IPO 时配售更多的新股给关
联基金家族可以提高基金家族的收益。本章称之为关联基金偏好。不过，

---

① 彭文平：《基金打新是"送礼祝贺"吗？——基于中国特色 IPO 配售制度的研究》，载
《财经研究》，2013（8）。

② 参见彭文平：《基金打新是"送礼祝贺"吗？——基于中国特色 IPO 配售制度的研究》，
载《财经研究》，2013（8）；邵新建、巫和懋、李泽广、唐丹：《中国 IPO 上市首日的超
高换手率之谜》，载《金融研究》，2011（9）。

中国对关联基金家族参与申购券商股东承销的 IPO 有较多的限制，基金家族不能申购控股股东作为主承销商承销的新股。[1] 所以，虽然在国外承销商通过将 IPO 更多地配售给关联基金家族的方式向关联基金家族输送利益时有发生[2]，但是这种利益输送形式在中国是否存在，还需要实证检验。

（3）交易佣金。在中国现行证券交易制度下，基金家族需要租用证券公司的交易席位买卖证券，这给券商带来一笔不菲的交易佣金收入。鉴于这笔佣金收入数量之巨，占券商收入比重之高[3]，其必然是券商极力争取的资源。而券商控制的 IPO 资源也能带来极高的抑价收入，是基金家族极力争取的资源。因而，就存在券商用 IPO 资源交换基金家族佣金的激励，即券商将 IPO 资源更多地配售给那些为其制造了更多佣金的基金家族。本章称之为佣金偏好。

综上所述，根据承销商偏好理论，承销商如何利用其间接配售权配售 IPO 资源，取决于承销保荐费用、关联基金家族业绩和交易佣金之间的权衡取舍。由于中国一级市场普遍存在较高的 IPO 抑价，因而承销商控制的 IPO 资源成为基金家族梦寐以求的"香饽饽"，而基金家族为券商制造的佣金收入又是承销商的至关重要的收入来源，所以根据承销商偏好理论，提出本章研究的第一个假设：

H1：在中国 IPO 配售中存在承销商佣金偏好行为，基金家族佣金支付与新股获配量呈正相关关系。

为检验假设 H1，本章实证研究基金家族新股获配量与基金家族支付给主承销商的交易佣金之间的关系。基金家族新股获配量作为"被审查"后的结果，观测值都大于或等于 0，因此使用 Tobit 模型进行实证分析。模型如下：

$$Allocation_{i,j} = \gamma BrokerAge_{i,j} + \alpha BookBuildings$$
$$+ \beta Preferences + \theta Controls + \varepsilon_{i,j} \qquad (8.1)$$

---

[1] 《基金法》第五十九条规定，基金财产不得用于"买卖与其基金管理人、基金托管人有控股关系的股东或者与其基金管理人、基金托管人有其他重大利害关系的公司发行的证券或者承销期内承销的证券"。证监会基金部给中金公司的《关于〈关于基金参与证券发行受到限制问题的建议〉有关问题的复函》中称，基金财产可以买卖：（一）基金管理人、基金托管人的控股股东在承销期内担任副主承销商或分销商所承销的证券；（二）基金管理人、基金托管人的非控股股东在承销期内承销的证券。

[2] Jay R. Ritter, Donghang Zhang, "Affiliated Mutual Funds and the Allocation of Initial Public Offerings," *Journal of Financial Economics*，2007，(2)：337-368.

[3] 基金管理公司支付给承销商的佣金年均约 60 亿元。

其中，被解释变量 $Allocation_{i,j}$ 表示同一年度基金家族 j 获配新股 i 的数量（单位：万股）。由于 IPO 网下配售结果公布的都是单个基金的获配量，因而该变量由基金家族 j 旗下所有基金的获配量加总得到，样本均值是 158.02 万股。关键解释变量 $BrokerAge_{i,j}$ 表示基金家族 j 旗下所有基金在同一年度支付给新股 i 的主承销商的交易佣金总和（单位：亿元），样本均值是 32.13 亿元。根据本章假设 H1，该变量系数预期为正，表示券商会在新股配售中根据佣金支付的多少偏好不同的基金家族。

基金家族和券商存在长期广泛的业务关系，如基金家族广泛参与券商承销的 IPO 询价配售、使用券商的研究报告、通过券商销售基金、租用券商的交易席位等。而根据中国制度规定，一家基金管理公司通过一家证券公司的交易席位买卖证券的年交易佣金不得超过当年该基金家族所有交易佣金的 30%，基金需要在多个券商开立证券交易席位。这样，基金家族支付给券商的交易佣金就不完全取决于是否获配券商承销的 IPO，而可能仅仅是基金家族和券商之间存在业务关系的反映。而根据信息生产理论，承销商倾向于把 IPO 更多地配售给和其存在业务关系的机构投资者。[1] 所以，为了检验承销商是否仅仅根据基金家族佣金输送量的多少而配售 IPO，需要把基金家族为获配 IPO 而支付的佣金与因其他原因支付的佣金严格区分开来。因此，本章在模型中引入佣金支付哑变量 $BrokerDummy_{i,j}$。如果在基金家族 j 获配新股 i 的当年基金家族支付了该新股的主承销商 i 交易佣金，该变量取值为 1，否则为 0。样本均值是 0.73。如果该变量的回归结果不显著，则表明仅仅是和券商之间存在佣金支付关系并不足以使基金家族获配更多的新股，从而信息生产理论不成立；基金能获配更多的新股，仅仅是因为其为承销商贡献了更多的佣金。

根据信息生产理论，承销商会配售更多的新股给揭示信息的基金家族。为了控制和区分信息生产对 IPO 配售的影响，本章引入信息生产控制变量 $BookBuildings$，除上面的佣金支付哑变量 $BrokerDummy_{i,j}$ 之外，还包括持有同行业新股哑变量 $SameIndustry_{i,j}$，如果基金家族旗下基金在同一年度持有新股 i 同一行业的新股，该变量取值为 1，否则为 0。行业根据 CSRC 进行分类。样本均值是 0.86。根据信息生产理论，如果基金在同一年度持有

---

[1] Ann E. Sherman, "IPOs and Long Term Relationships: An Advantage of Book Building," *Review of Financial Studies*, 2000, 13 (3): 697-714. Lawrence M. Benveniste, Walid Y. Busaba, William J. Wilhelm, "Information Externalities and Role of Underwriters in Primary Equity Markets," *Review of Financial Intermediation*, 2002: 61-86.

同一行业的其他新股，说明基金对该行业有较深入的研究和了解，掌握了该行业新股的更多信息，因而能传递更多更准确的新股私人信息给承销商，从而获配更多新股，所以该指标在信息生产理论下预期为正。

　　为了控制承销商偏好和关联基金偏好的影响，模型中引入了偏好控制变量 *Preferences*，包括：（1）关联基金哑变量（*AffiliateFamily*）。由于中国政策规定，IPO 主承销商控股的基金家族旗下基金不能配售该 IPO，因此关联基金定义为主承销商参股的基金家族旗下基金以及非主承销商控股或参股的基金家族旗下基金。该指标反映承销商对关联基金业绩的偏好，如果承销商偏好提升关联基金的业绩，则关联基金获配更多的新股（Nimalendran，Ritter&Zhang，2007），因此预期符号为正。（2）持有冷门 IPO 哑变量（*HoldCold*）。根据已有研究，承销商在配售 IPO 时，存在冷热 IPO 搭配现象，即如果基金家族积极申购冷门 IPO 帮助券商成功承销 IPO，那么作为回报，券商会配售更多的 IPO 给该基金家族。[①] 所以选择该哑变量以控制承销商搭配配售对基金家族 IPO 获配量的影响。变量定义为：同一年度该基金家族持有该承销商承销的冷门 IPO，取 1，否则取 0。样本均值是 0.40。如果某新股首日回报高于同一年度所有新股回报的中位数，则为热门 IPO，否则为冷门 IPO。

　　其他控制变量 *Controls* 包括：（1）IPO 抑价程度哑变量。越是抑价高的 IPO 基金家族申购积极性越高，但对于破发的 IPO，基金获配只能损害其利益，因而基金不愿意申购。为了控制基金家族对不同质量的 IPO 的需求意愿强度，我们根据首日回报将 IPO 分为抑价最低的 30%、居中（30%～70%）和最高的 30% 三类，分别用哑变量 $Return_1$、$Return_2$ 和 $Return_3$ 表示。当某只 IPO 属于抑价最低的 30% 时，$Return_1$ 取 1，$Return_2$ 和 $Return_3$ 取值为 0，依此类推。预期抑价越高的 IPO 其系数越显著。（2）规模越大的基金家族越有能力参与网下申购并获配更多的新股，因而引入了基金家族当年持有股票金额的对数 $\ln(FamilyTNA)$ 作为控制变量，用于控制基金家族规模对新股获配量的影响，样本均值是 12.54，预期该变量符号显著为正。（3）IPO 数量越多，市场供给越多，基金家族持有也可能更多，因而引入 IPO 规模的对数 $\ln(IPOsize)$ 作为

---

① Jonathan Reuter，"Are IPO Allocations for Sale? Evidence from Mutual Funds，" *Journal of Finance*，2006（6）：2289-2324. 彭文平：《基金打新是"送礼祝贺"吗？——基于中国特色 IPO 配售制度的研究》，载《财经研究》，2013（8）。

控制变量，用于控制新股供给的影响，样本均值是 7.29，预期该变量符号显著为正。（4）IPO 网下认购倍数（subscription ratio），样本均值是137.47。按照证监会规定，网下认购倍数大于 1 时，IPO 采用按比例或抽签形式配售。因此，网下配售倍数越高，市场竞争越激烈，基金家族获配量就越低，预期该变量符号显著为负。

　　不同 IPO 的质量不同，有的 IPO 抑价高，基金家族获配能够带来更高的收益，而有的抑价低，基金家族获配不能带来多少收益甚至可能因为IPO 破发而亏损。所以，从基金家族的角度看，显然只愿意用佣金交换高抑价的 IPO。从承销商的角度看，高抑价的 IPO 极受各类投资者欢迎，承销商可以用其去交换利益，比如基金家族的佣金。但对于抑价低甚至可能破发的 IPO，投资者申购热情低，承销商首先要考虑的是如何将其发行出去而不可能将其作为炙手可热的热门资源去交换基金家族的佣金。所以，理论上承销商的佣金偏好只存在于高抑价的 IPO。综合基金家族和承销商对待不同质量的 IPO 资源的不同态度，本章提出一个更强的假设：

　　H2：基金家族用佣金交换的是高抑价的 IPO，而不是低抑价的 IPO。

　　仍然用 Tobin 模型加以检验，模型设定为：

$$Allocation_{i,j} = \alpha BookBuildings + \beta Preferences$$
$$+ \sum_{k=1}^{3} \gamma_k BrokerAge_{i,j} \times Return^k + \theta Controls + e_{i,j}$$

$$(8.2)$$

　　模型中，交易佣金变量 $BrokerAge$ 与三个抑价程度哑变量 $Return^k$ 交互。根据本章假设 H2，考虑到中国 IPO 抑价程度普遍较高，因而我们预期，γ_1 的系数应为负或不显著，而 γ_2 和 γ_3 的系数应显著为正。其他变量与模型（8.1）相同。

　　基金家族与承销商之间的利益输送包括两个方面：基金家族对承销商输送佣金以及承销商配售优质 IPO 给基金家族。前者会损害基金家族的利益。所以要使基金家族愿意向承销商输送佣金，前提是佣金输送能够带来足够的打新收益。本章假设 H1 和假设 H2 分析了佣金和 IPO 获配量之间的关系。但这种关系是否具有经济意义，也就是说基金通过迎合承销商偏好而获配 IPO 能否为其带来超额收益？因为获配少量但抑价高的 IPO 可能为基金家族带来正收益，获配大量但抑价小的 IPO 却可能带来负收益，所以，单纯获配量和佣金之间的关系并不能回答这一问题。为了检验偏好理论的经济意义，提出第三个假设：

H3：基金家族向主承销商支付的佣金与打新收益之间存在正向关系。

采用以下实证模型：

$$\sum_{i=1}^{n} IPOReturn_{i,j} = \beta_1(BroLead_{i,j}) + \beta_2(BroLead_{i,j})^2$$
$$+ \beta_3(BroLeadDummy_{i,j}) + \beta_4(BroOther_{i,j})$$
$$+ \beta_5(AffiliatedFund_j) + \theta\,Controls + \varepsilon_{i,j} \qquad (8.3)$$

其中，被解释变量表示在同一年度基金家族 j 因为获配同一券商承销的新股 i 所取得的回报（单位：万元）。国外研究一般选取上市首日回报作为回报的指标，结合中国新股发行锁定期的政策，我们同时采用新股上市首日回报及解禁日回报指标。计算公式为：

$$R_{i,j} = \sum_{i=1}^{n} Q_{i,j} \times P_i \times r_i \qquad (8.4)$$

这里，$R_{i,j}$ 为基金家族 j 在同一年度获配同一券商承销的新股 i 的上市首日回报（或解禁日回报），$Q_{i,j}$ 为基金家族获配新股 i 的数量，P_i 为新股发行价格，r_i 为新股 i 上市首日收益率或解禁日收益率，计算公式是：

$$r_i = (p_t - p_i)/p_i$$

其中，p_t 为上市首日收盘价（或解禁日收盘价）。

解释变量为基金家族 j 在同一年度支付给新股 i 的主承销商的年度交易佣金（单位：亿元）。理论上，承销商配售优质 IPO 给基金家族会提高基金家族收益，但基金家族对承销商输送佣金可能损害基金家族收益。实证上，张文杰（2007）发现机构投资者持有新股比例与投资收益率不存在显著相关性，机构投资者的"信息揭示"不能为其带来超额收益。邵新建等（2011）也发现 IPO 发行价越高，机构投资者获得的超额收益越小，最终可能出现在锁定期回报为负的情况。所以，基金家族与承销商之间的利益输送的经济影响可能不是简单的线性关系，因而模型还引入该解释变量的平方。模型还引入了佣金支付哑变量（BroLeadDummy），以定性衡量基金家族与券商的关系对基金家族打新回报的影响。此外，作为比较，引入了支付给其他新股的承销商的年度佣金变量 BroOther（单位：万元）。

在控制变量的选取上，与上面的模型一致，引入了关联基金哑变量、新股发行规模与基金家族规模。新股发行规模为在同一年度券商 i 担任主承销商或联席保荐人的新股发行总量，衡量券商在新股发行中的实力，以控制承销商声誉对新股回报率的影响。

第四节　IPO配售中承销商佣金偏好的实证分析

一、样本与描述性统计

中国IPO询价配售制度始于2005年，到2012年4月取消了网下配售锁定期的限制。所以本章样本区间为2005—2011年。数据来自国泰安数据库和锐思数据库。

2005—2011年7年间共发行1 029只新股，其中基金参与并最终获配的有964只。共有75家券商充当IPO主承销商或联席保荐商，IPO—基金家族—券商匹配关系共计12 741对。

表8—1为IPO抑价率的描述性统计。全部新股的平均抑价率为65.95%。有基金参与获配的新股的平均抑价率为67.50%，高于无基金参与获配的新股的平均抑价率，但差值不显著。牛市的平均抑价率明显高于熊市（2005、2008、2010、2011年为熊市，2006、2007、2009年为牛市）。

表8—1　　　　　　　　　　　　　IPO抑价率

	2005	2006	2007	2008	2009
IPO发行个数	15	69	126	77	111
平均抑价率（%）	45.12	86.53	193.07	114.87	71.28
有基金获配IPO个数	15	69	118	76	110
平均抑价率（%）	45.12	86.53	195.31	115.82	71.85
无基金获配IPO个数	0	0	8	1	1
平均抑价率（%）	0	0	199.55	111.67	76.21
抑价率差（显著性）	—	—	−4.24	4.15	−4.36
	2010	2011	全样本	牛市	熊市
IPO发行个数	349	282	1 029	306	723
平均抑价率（%）	41.90	20.08	65.95	124.48	41.23
有基金获配IPO个数	336	240	964	297	667
平均抑价率（%）	40.70	21.03	67.50	124.31	42.28
无基金获配IPO个数	13	42	65	9	56
平均抑价率（%）	36.24	18.02	51.07	185.84	23.92
抑价率差（显著性）	4.46	3.01	16.43（$t=1.30$）	−61.53	18.33

说明：有基金获配IPO个数是指至少有一只基金持有的IPO的个数，无基金获配IPO个数是指无任何一只基金持有的IPO的个数。抑价率差是指有基金获配IPO的抑价率与无基金获配IPO的抑价率之差。

表 8—2 为不同抑价的 IPO 的描述性统计。有基金参与的新股不管回报高低，其首日回报均值和中位数都比无基金参与的要低。

表 8—2　　　　　　　　　不同抑价的 IPO 的描述性统计

首日回报类别		全样本	有基金获配 IPO 样本	无基金获配 IPO 样本
回报 均值	回报最低的 30% 样本	0.04	0.05	0.21
	中等回报样本	0.38	0.45	0.79
	回报最高的 30% 样本	1.41	1.59	2.35
	所有样本	0.61	0.68	1.12
回报 中位数	回报最低的 30% 样本	0.04	0.06	0.23
	中等回报样本	0.36	0.42	0.77
	回报最高的 30% 样本	1.05	1.28	2.08
	所有样本	0.36	0.43	0.78

综合表 8—1 和表 8—2 可以看出：（1）中国新股发行一直存在着高抑价，这降低了新股发行的风险，使得新股资源成为一种"优质资源"。高抑价也表明，信息生产理论所宣称的询价配售制度可以提高定价效率、降低抑价率在中国实践中的作用并不明显。这和朱红军等（2010）的研究结论是一致的。（2）有基金参与获配的 IPO 中，不管首日回报高低，其平均抑价率都低于无基金参与获配的 IPO。这说明，信息生产理论宣称的基金作为专业机构投资者具有专业研究能力，能揭示新股质量信息并因此而获配更多热门 IPO 在中国 IPO 询价配售实践中并没有得到体现。

表 8—3 给出了样本期间新股发行和上市情况，新股发行价平均为22.82 元，熊市发行价比牛市要高，冷热门并无显著差别。新股平均规模为 7.1 亿元，牛市和熊市、冷门和热门并无太大差别。从回报率来看，新股上市首日回报率除冷门 IPO 外都高于解禁日回报率，但首日回报率高的 IPO 一般解禁日回报率亦高，两者同步变化。

表 8—3　　　　　　　　IPO 发行及上市回报的描述性统计

		发行价（元）	ln 发行规模（万元）	首日回报率	解禁日回报率
全样本	均值	22.82	11.17	0.675	0.508
	标准差	15.63	1.001	0.803 5	0.717 6
牛市	均值	15.20	11.01	1.24	1.15
	标准差	10.75	1.32	0.99	0.82
熊市	均值	26.21	11.25	0.42	0.22
	标准差	16.27	0.81	0.54	0.42

续前表

		发行价（元）	ln 发行规模（万元）	首日回报率	解禁日回报率
热门	均值	22.37	11.09	0.87	0.38
	标准差	15.92	0.96	0.94	0.62
冷门	均值	23.30	11.26	0.47	0.65
	标准差	15.32	1.03	0.56	0.79

表 8—4 为基金家族获配 IPO 情况的描述性统计。样本期间平均每家基金家族获配 198.37 只 IPO，平均获配 899.26 万股新股，平均每家基金家族有 2.31（27 536/11 902）只基金获配 IPO。最大的 12 家基金家族参与获配 IPO 的比例为 38.7%（4 602/11 902），显著高于最小的 20 家基金家族的 11.5%（1 366/11 902），同时，最大的 12 家基金家族获配 IPO 的只数和新股股数都显著多于最小的 20 家基金家族。这说明，大基金家族参与 IPO 配售更积极也获配更多。

表 8—4　　　　　　　　　基金家族获配 IPO 情况的描述性统计

		总数	最大值	最小值	均值	标准差
全样本	IPO 只数	11 902	570	7	198.37	137.345 4
	基金次数	27 536	3 313	7	458.93	549.03
	获配量（万股）	10 703 082	208 154.3	0.366	899.26	5 562.50
最大的 12 家	IPO 只数	4 602	570	212	383.5	114.402 4
	基金次数	14 394	3 313	425	1 199.5	814.113 9
	获配量（万股）	6 246 477	170 438.7	4.946	1 357.34	7 429.712
最小的 20 家	IPO 只数	1 366	204	7	68.3	49.863 1
	基金次数	1 972	318	7	98.6	73.591 6
	获配量（万股）	520 514.004	50 129.04	0.496	381.049 8	2 114.209

说明：IPO 只数是以基金家族为单位统计的获配新股只数，基金次数是以基金为单位统计的获配次数。

表 8—5 为券商承销 IPO 情况的描述性统计。样本期间平均每个券商承销 14.33 只 IPO，平均承销金额约为 26.64 亿元。最大的 15 家券商承销的 IPO 占 IPO 总数的比例为 56.6%（582/1 029），显著高于最小的 45 家券商的 20.2%（208/1 029），同时，最大的 15 家券商承销的 IPO 的数量和金额都显著大于最小的 45 家券商。这说明，IPO 承销业务主要集中在实力强大的券商手中。

表 8—5　　　　　　　　　　券商承销 IPO 情况的描述性统计

		总数	最大值	最小值	均值	标准差
全样本	承销次数	1 029	109	1	14.33	19.61
	承销量（万股）	40 517 792	2 557 059	900	37 690.97	195 987.7
	承销额（万元）	286 400 827	6 852 918	9 045	266 419.4	837 945.2
最大的 15 家	承销次数	582	109	9	38.8	31.03
	承销量（万股）	36 833 706.32	2 557 059	1 000	63 288.16	262 684.9
	承销额（万元）	236 595 744.2	6 852 918	11 137.5	406 521.9	1 099 100
最小的 45 家	承销次数	208	15	1	4.62	3.42
	承销量（万股）	1 393 701	250 000	1 034	6 700.486	21 215.09
	承销额（万元）	16 169 822.75	1 390 000	9 045	77 739.53	125 216.2

说明：在存在联席保荐商的情况下，承销量与承销额联席保荐商间不按比例进行分摊，均以新股发行量及发行额多次计入统计。

二、交易佣金与承销商偏好

为了实证检验承销商佣金偏好是否存在，即本章假设 H1，我们运用 Stata 软件对模型（8.1）进行了检验。市场行情可能影响 IPO 配售。在熊市中，市场气氛惨淡，IPO 抑价降低，并可能破发，因而机构和散户申购积极性都较低。对承销商而言，此时最重要的是将新股发行出去，而用 IPO 资源去交换机构投资者的佣金只能放在次要地位。而在牛市中，市场气氛热烈，新股上市一般都会有较高涨幅，机构和散户申购积极性都很高，不存在发行不出去的问题，因而承销商更有条件用 IPO 资源交换机构投资者的佣金。考虑到 IPO 配售机制在不同的市场行情下可能存在的差异，也为了进一步检验结果的稳健性，本章还将样本分为熊市样本和牛市样本分别加以检验。模型中的关键解释变量 $BrokerAge$ 表示年度基金家族支付给主承销商的佣金数量。作为稳健性检验，本章还引入了变量 $BrokerPercent_{i,j}$，定义为年度基金家族 j 支付给新股 i 的主承销商的佣金占年度该主承销商总佣金收入的比例，均值为 2%。对于少数存在着两个或两个以上的联席承销商的 IPO，该变量为该年度基金家族 j 分别支付给各个联席承销商的佣金占各个联席承销商年度总佣金的比例。检验结果如表 8—6 所示。

前三列被解释变量为 $Allocation$。在全样本中，关键解释变量 $BrokerAge$ 系数为 1.27×10^{-5}，在 1% 的水平上显著，说明基金家族每为主承销商支付 1 万元佣金，就可以多获配 0.127 万股新股。$BrokerPercent$ 的系数为 859.4，也在 1% 的水平上显著，表明基金家族佣金占主承销

表8—6　交易佣金与承销商偏好

被解释变量	Allocation 全样本 (1)		Allocation 牛市 (2)		Allocation 熊市 (3)		AllocationPercent 全样本 (4)	
样本	(a)	(b)	(a)	(b)	(a)	(b)	(a)	(b)
BrokerAge	1.27e−5*** (8.30)		1.52e−5*** (10.22)		1.01e−5*** (3.76)		5.21e−10*** (6.40)	
BrokerPercent		859.4*** (6.96)		929.7*** (4.47)		822.8* (5.10)		0.0714*** (2.32)
SameIndustry	103.3*** (5.35)	117.0*** (3.37)	116.7*** (6.07)	134.0*** (5.39)	198.1*** (6.17)	208.7*** (6.71)	−0.0031* (−1.67)	0.0055 (−3.06)
BrokerDummy	−17.21 (−1.06)	11.33 (1.56)	−38.12* (−2.23)	6.630 (0.72)	−57.89* (−2.22)	−43.48 (−1.34)	0.0011 (1.27)	0.0013 (1.46)
AffiliateFamily	−290.4** (−2.94)	−298.1* (1.04)	−107.7 (−1.07)	−137.2 (−0.30)	−621.0*** (−3.79)	−607.8*** (−3.38)	0.0077 (7.09)	0.0055 (4.85)
HoldCold	54.48*** (2.70)	58.63*** (1.04)	62.78** (3.28)	63.41*** (3.62)	5.041 (0.40)	10.12 (0.20)	0.0020* (0.40)	0.0023** (2.42)
$Return_1$	−1.743 (−0.09)	−5.475 (−11.52)	−54.07** (−2.99)	−64.01*** (−2.87)	155.3*** (4.92)	153.2*** (3.29)	−0.0111*** (−11.34)	−0.0113*** (−3.71)

续前表

被解释变量 / 样本	Allocation						AllocationPercent	
	全样本 (1)	全样本	牛市 (2)	牛市	熊市 (3)	熊市	全样本 (4)	全样本
$Return_2$	−40.91*	−37.97*	−215.1***	−210.3***	193.2***	192.4***	0.007 6***	0.007 4***
	(7.05)	(−2.02)	(−1.87)	(−9.73)	(5.74)	(−9.44)	(6.85)	(5.76)
$\ln(IPOsize)$	182.9***	186.6***	126.8***	130.5***	313.2***	310.2***	−0.006 7***	−0.006 9***
	(−34.66)	(49.79)	(50.96)	(30.52)	(45.70)	(31.25)	(−35.30)	(46.34)
$\ln(FamilyTNA)$	35.49***	42.12***	27.54***	35.77***	43.99***	39.55***	0.003 1***	0.003 0***
	(11.44)	(6.82)	(8.20)	(4.86)	(4.90)	(6.35)	(10.95)	(5.53)
$SubscriptionRatio$	−0.170*	−0.134	−0.400***	−0.328***	0.136	0.132	−0.000 1***	0.050 9***
	(−22.15)	(−2.03)	(−1.60)	(−4.43)	(0.98)	(−3.61)	(12.02)	(1.00)
常数项	−1 709***	−1 835.2***	−1 133.6***	−1 283.5***	−2 919.3***	−2 834.1***	0.047 8***	0.050 9***
	(11.60)	(−21.56)	(−23.72)	(−13.05)	(−22.07)	(−14.96)	(12.02)	(−23.31)
N	12 741	12 741	5 877	5 877	6 864	6 864	12 741	12 741
伪 R^2	0.015	0.015	0.019	0.018	0.018	0.019	−0.060	−0.060

商佣金比例每提高万分之一，能使自己显著多获配 8.594 万股新股。基金家族年均从同一主承销商处获配的新股数量为 158 万股，因此这个数字在经济上也具有重要意义。但是，佣金哑变量 *BrokerDummy* 的系数为负，多数不显著，说明单纯和承销商存在佣金支付等业务关系并不足以使基金家族获配更多的新股，要获配更多的新股必须用更多的佣金去交换。关键解释变量无论是 *BrokerAge* 还是 *BrokerPercent* 牛市系数都比熊市大，说明用 IPO 资源交换佣金的利益输送行为更多发生在牛市。实证结果和理论预期是一致的。

根据信息生产理论，承销商在分配 IPO 时更青睐为其揭示更多私人信息并与其保持长期关系的机构投资者。持有同行业 IPO 变量（*SameIndustry*）在所有样本中都显著为正，说明基金家族能够为承销商揭示行业私人信息，因而持有同行业新股可以获配更多的新股。但另一个信息生产变量 *BrokerDummy* 的系数基本不显著，说明承销商并不重视与基金家族保持长期关系以从这种关系中获取更多信息。所以，和描述性统计结论一致，中国 IPO 询价配售制的信息生产功能并没有得到很好的发挥，单纯的信息生产理论不足以解释中国新股配售机制，也从另一个方面体现了本章研究承销商偏好的意义。

反映关联基金偏好的变量 *AffiliateFamily* 系数为负，并在全样本和熊市中显著。其原因主要是证监会明文规定由主承销商控股的基金家族不能参与 IPO 询价配售。这说明，在中国 IPO 配售中不存在关联基金偏好，关联基金并不能因为与承销商的股权关系而获配更多新股。反映承销费偏好的变量 *HoldCold* 系数在全样本为 58.63，并在 1% 的水平上显著，说明，相对于没有参与冷门 IPO 配售的基金家族，参与了冷门 IPO 配售、为承销商"送礼祝贺"的基金家族每年能多获配 58.63 万股新股。考虑到基金家族平均每年获配的新股数量为 158 万股，因此这个数字也具有重要的经济意义。回归结果还表明，该变量在牛市中显著但在熊市中不显著，说明基金家族参与冷门 IPO 询价配售的回报是获配牛市中更多新股，而在熊市中不存在冷热 IPO 搭售的现象。

哑变量 $Return_1$ 和 $Return_2$ 在全样本和牛市中为负，说明基金家族参与配售的 IPO 更多集中在首日回报最高的 30% 部分，而较少参与抑价较低的 IPO 的配售。其他控制变量回归结果基本都符合预期。ln(*IPOsize*) 系数显著为正，说明 IPO 市场供给越多，基金家族获配量也越多。ln(*FamilyTNA*) 系数显著为正，说明基金家族规模越大，越有能力参与

IPO 配售，获配量也更大。$SubscriptionRatio$ 系数在全样本和牛市中基本显著为负，说明参与申购的机构投资者数量越多，单个基金家族获配量就越少。但该变量在熊市中不显著，原因应是熊市中参与申购的机构投资者不多，市场竞争不激烈，不足以影响基金家族获配量。

为了检验结果的稳健性，我们还将被解释变量定义为同一年度基金家族 j 获配新股 i 的数量占新股 i 的发行数量的比例，用 $AllocationPercent_{i,j}$ 表示。回归结果如表 8—6 的第四列所示。在全样本中（限于篇幅，没有报告牛市和熊市分样本，结果基本一致），关键解释变量不管是 $BrokerAge$ 还是 $BrokerPercent$ 都显著为正，表明基金家族支付给主承销商的佣金越多，获配 IPO 占 IPO 发行量的比例越高，同样支持本章假设 H1。信息生产 2 个变量或不显著或显著为负，同样说明单纯信息生产理论不足以揭示中国 IPO 配售。$AffiliateFamily$ 不显著，$HoldCold$ 显著为正，同样说明中国 IPO 配售中不存在承销商关联基金偏好但存在冷热门 IPO 配售的行为。$Return_1$ 的系数仍然显著为负，$Return_2$ 的为正，仍然表明基金获配的是高抑价的 IPO。其他控制变量只有 $\ln(IPOsize)$ 有显著改变，这是因为，单个基金家族获配量占 IPO 总量的比例与 IPO 规模成反比。所以，本章的实证结果是稳健的。

所以，表 8—6 的回归结果表明，单纯的信息揭示假说并不足以解释中国 IPO 配售机制，中国 IPO 配售中存在承销商偏好，承销商会根据基金家族佣金支付数量配售新股，用 IPO 资源去交换基金家族的佣金，本章假设 H1 得证。

前面的分析证明了基金家族会用佣金去交换承销商的新股。但是，新股的质量是不同的。根据更强的本章假设 H2，基金家族用佣金去交换的应该是抑价更高的新股，而不是抑价低、可能破发的新股。我们用模型（8.2）去检验本章假设 H2，结果如表 8—7 所示。

在控制了关联基金偏好和承销商偏好对不同质量 IPO 的获配量的影响之后，我们看到回归结果证实了本章假设 H2。在所有样本中，$BrokerAge \times Return_1$ 和 $BrokerPercent \times Return_1$ 的系数都为负，但不显著。说明，对于那些抑价低的新股，基金家族更少地用佣金去交换。而 $BrokerAge \times Return_2$ 和 $BrokerPercent \times Return_2$ 以及 $BrokerAge \times Return_3$ 和 $BrokerPercent \times Return_3$ 的系数在所有样本中都显著为正，说明承销商用于交换基金家族佣金的是高抑价的新股，而基金家族也只为高抑价的新股输送佣金。以 $BrokerAge \times Return_2$ 为例，其系数为 0.181，说明基金家族年

表8—7　　新股质量与佣金支付

	全样本		牛市		熊市	
$BrokerAge \times Return_1$	-3.42×10^{-6} (−1.18)		-5.21×10^{-7} (−0.18)		-4.58×10^{-6} (−0.97)	
$BrokerAge \times Return_2$	1.81×10^{-5}*** (8.07)		2.66×10^{-5}*** (10.66)		1.16×10^{-5}** (3.40)	
$BrokerAge \times Return_3$	1.65×10^{-5}*** (7.16)		1.46×10^{-5}*** (7.41)		2.55×10^{-5}*** (4.69)	
$BrokerPercent \times Return_1$		−306.5 (−0.99)		−110.5 (−0.38)		−423.5 (−0.74)
$BrokerPercent \times Return_2$		1 851.1*** (5.07)		3 757.9*** (7.77)		1 120.9* (2.24)
$BrokerPercent \times Return_3$		1 272.7*** (4.42)		1 021.4*** (4.22)		2 221.4** (3.04)
$SameIndustry$	106.2*** (7.06)	115.5*** (5.50)	119.3*** (5.99)	132.0*** (5.54)	201.1*** (6.11)	207.7*** (6.82)
$BrokerDummy$	−12.06 (−1.60)	9.826 (−0.75)	−31.04 (0.62)	−0.500 (−1.82)	−52.79* (−0.03)	−41.68 (−2.02)
$AffiliateFamily$	−298.1** (−3.72)	−321.4** (−3.02)	−113.1 (−3.22)	−169.8 (−1.13)	−618.3*** (−1.66)	−609.7*** (−3.78)

续前表

	全样本		牛市		熊市	
$HoldCold$	58.32***	56.75***	70.56***	60.16**	4.245	9.087
	(0.36)	(3.61)	(3.51)	(3.70)	(3.14)	(0.17)
$Return_1$	−52.14*	−49.17*	−13.22	−41.18*	239.3***	205.1***
	(5.66)	(−2.49)	(−2.22)	(−0.62)	(−2.03)	(6.42)
$Return_2$	−46.51*	25.99	−263.4***	−262.9***	239.7***	215.3***
	(5.73)	(−2.02)	(1.29)	(−10.50)	(−10.78)	(6.05)
$\ln(IPOsize)$	182.0***	186.7***	126.6***	130.5***	308.1***	313.0***
	(46.33)	(49.56)	(51.05)	(30.59)	(31.38)	(45.34)
$\ln(FamilyTNA)$	36.48***	41.70***	28.40***	33.69***	39.45***	44.05***
	(5.54)	(7.02)	(8.13)	(5.03)	(6.00)	(4.89)
$SubscriptionRatio$	−0.143	−0.137	−0.369***	−0.336***	0.173	0.136
	(1.01)	(−1.71)	(−1.64)	(−4.11)	(−3.70)	(1.28)
常数项	−1738.2***	−1835.4***	−1154.5***	−1249.3***	−2879.0***	−2946.7***
	(−23.47)	(−21.87)	(−23.68)	(−13.32)	(−14.59)	(−22.36)
N	12741	12741	5877	5877	6864	6864
伪R^2	0.015	0.015	0.020	0.019	0.019	0.019

度支付给主承销商佣金每提高 1 万元，就可多获配 0.181 万股高抑价 IPO。这个数字大于模型（8.1）中 $BrokerAge$ 的回归系数。$BrokerPercent \times Return_2$ 的系数也明显大于模型（8.1）中 $BrokerPercent$ 的系数，进一步说明，基金家族用佣金交换的是高抑价 IPO。其他控制变量的回归结果与模型（8.1）基本一致。本章假设 H2 得证。

三、稳健性检验：机构博弈与佣金偏好

前面研究结果表明，承销商用高抑价 IPO 资源去交换基金家族的佣金。这个交换比例可能取决于交易双方的讨价还价的能力。大基金家族相对小基金家族在与承销商的讨价还价中更具实力，因而能用佣金交换到更多高抑价 IPO；而小基金家族实力不够，没有能力用佣金交换高抑价 IPO，因而其佣金关键解释变量的系数应不显著，或相对大基金家族要小。在与基金家族的博弈中，大承销商相对小承销商实力更强，因而大承销商有能力利用高抑价 IPO 资源交换到基金家族的佣金。而小承销商承销能力更弱，在 IPO 配售中更多考虑的是将 IPO 发行出去，而不是利用 IPO 资源去谋取额外的利益。而且小承销商拥有的高抑价 IPO 资源有限，可能并不足以迫使基金家族通过输送佣金的方式获取 IPO 资源。所以，在基金家族和承销商的博弈中，只有大承销商才能利用其控制的 IPO 资源交换到基金家族的佣金；而小承销商实力不够，没有能力用 IPO 资源交换到佣金，因而其佣金关键解释变量的系数应不显著，或相对大承销商要小。所以，我们根据基金家族和承销商实力将样本分成不同类型，用模型（8.1）和模型（8.2）做稳健性检验。

参考 Megginson 和 Weiss（1991）、郭泓和赵震宇（2006）的办法，以承销商的市场份额作为衡量承销商实力的变量，对该变量做了如下处理：第一，选取 2005—2011 年间各券商作为主承销商或联席保荐商的次数、承销 IPO 的发行量及承销 IPO 的发行金额三个指标；第二，为了标准化衡量，各个指标取其所占总数比例；第三，考虑更为准确地衡量不同市场行情下的券商实力，以市场行情划分为熊市、牛市分别计算，然后分别加总熊市和牛市各自券商三个指标数，再取算术平均值，最后得到券商实力排名。在总共 75 个券商中取前 15 个（20%）作为大承销商组，取最后 45 个作为小券商组。大券商更有能力要求基金家族为其制造交易佣金，因而预期在大券商承销的 IPO 组别中，交易佣金变量更为显著，系数应更大。我们以基金家族在 2005—2011 年间获配 IPO 只数和获配数量来衡

量基金家族的实力。我们将这两个指标用与券商实力变量同样的办法，经过三个方面的处理，得到基金家族实力排名。以 60 个基金家族中前 12 个（20%）作为大基金家族组，以排名最后的 20 个基金家族作为小基金家族组，进行实证检验。大基金家族更有能力用佣金交换到更多高抑价 IPO，因而其交易佣金变量的系数应更显著、更大。实证结果如表 8—8 所示。

在最大的前 12 家基金家族组别中，交易佣金变量（$BrokerAge$）系数为 6.90×10^{-6}，显著为正；而最小的 20 家基金家族组别 $BrokerAge$ 系数为 2.28×10^{-6}，只有大基金家族组别的三分之一，并在统计上不显著。说明小基金家族为主承销商支付同样的佣金只能获配大基金家族的三分之一的新股。和模型（8.2）的回归结果相同，$BrokerAge \times Return_1$ 在大基金家族组别和小基金家族组别都为负但不显著，说明不管是大基金家族还是小基金家族都不会用佣金去交换低抑价的新股。$BrokerAge \times Return_2$、$BrokerAge \times Return_3$ 在大基金家族组别中的回归结果也和模型（8.2）相同，都显著为正，但在小基金家族组别中的回归结果不同于模型（8.2），回归系数不显著。这说明，只有大基金家族才有能力用更多的佣金交换到高抑价的 IPO。回归结果与理论预期一致。

在最大的 15 家大券商组别中，交易佣金变量（$BrokerAge$）系数显著为正；而最小的 45 家券商组别为负并不显著，说明实力更强的大券商控制着更多的 IPO 资源，因而能够利用 IPO 资源去交换基金家族的佣金。而实力小的承销商控制的 IPO 资源不足以迫使基金家族输送交易佣金。和模型（8.2）的回归结果相同，$BrokerAge \times Return_1$ 在大承销商组别和小承销商组别都为负但不显著，说明不管是大承销商还是小承销商都无法用低抑价 IPO 交换到交易佣金。$BrokerAge \times Return_2$、$BrokerAge \times Return_3$ 在大承销商组别中的回归结果也和模型（8.2）相同，都显著为正，但在小承销商组别中的回归系数不显著。这说明，只有券商才有能力用高抑价的 IPO 资源交换到交易佣金。回归结果与理论预期一致。

衡量信息生产理论的两个变量回归结果与模型（8.1）和模型（8.2）都一致。$BrokerDummy$ 系数无论基金家族和承销商实力大小，都不显著，同样说明，仅仅是承销商和基金家族之间的长期业务关系并不足以保证用佣金交换到 IPO。$SameIndustry$ 系数则无论基金家族和承销商实力大小都基本显著为正，说明基金家族和承销商之间对于行业信息的揭示是普遍存在的。衡量关联基金偏好的变量 $AffiliateFamily$ 则只在大券商组显著为负，其他组不显著，原因可能是因为 IPO 主承销商主要是大券商，

表 8—8

机构博弈与佣金偏好

	大基金家族组		小基金家族组		大券商组		小券商组		大券商—大基金家族	
$BrokerAge$	6.90×10^{-6}**		2.28×10^{-6}		1.28×10^{-5}***		-1.56×10^{-6}		5.25×10^{-6}*	
	(3.02)		(0.70)		(6.11)		(−1.10)		(1.96)	
$BrokerAge\times Return_1$		-2.43×10^{-6}		-9.57×10^{-7}		-7.29×10^{-6}		-1.31×10^{-6}		-6.02×10^{-6}
		(−0.57)		(−0.15)		(−1.77)		(−0.59)		(−0.94)
$BrokerAge\times Return_2$		8.59×10^{-6}*		7.04×10^{-6}		2.00×10^{-5}***		-1.57×10^{-6}		6.05×10^{-6}
		(2.51)		(1.65)		(6.20)		(−0.81)		(1.17)
$BrokerAge\times Return_3$		1.04×10^{-5}**		-4.17×10^{-6}		1.70×10^{-5}***		-1.89×10^{-6}		9.97×10^{-6}*
		(3.16)		(−0.75)		(5.48)		(−0.73)		(2.17)
$Broker Dummy$	−31.06	−27.23	2.053	4.092	36.74	38.38	7.721	7.722	42.72	32.42
	(−0.92)	(−0.81)	(0.14)	(0.27)	(1.12)	(1.17)	(1.84)	(1.83)	(0.50)	(0.38)
$SameIn dustry$	86.01	90.42*	32.64*	32.93*	143.3***	152.0***	8.234*	8.234*	128.3	138.0
	(1.87)	(1.96)	(2.32)	(2.34)	(4.75)	(5.04)	(1.96)	(1.96)	(1.74)	(1.87)
$Affiliate Family$	−136.5	−132.7	−38.93	−52.95	−441.0**	−442.7**	24.79	25.58	68.97***	71.27***
	(−0.62)	(−0.60)	(−0.23)	(−0.32)	(−3.07)	(−3.08)	(1.20)	(1.20)	(3.35)	(3.46)
$HoldCold$	67.83*	70.24*	13.10	15.02	113.4***	117.8***	−0.331	−0.360	153.7**	155.4**
	(2.14)	(2.22)	(0.85)	(0.97)	(4.53)	(4.72)	(−0.09)	(−0.09)	(3.09)	(3.13)
$Controls$	有控制	有控制	有控制	有控制	有控制	有控制	有控制	有控制	有控制	有控制
常数项	有控制	有控制	有控制	有控制	有控制	有控制	有控制	有控制	有控制	有控制
N	4937	4937	1358	1358	8030	8030	1832	1832	3024	3024
伪R^2	0.023	0.023	0.024	0.024	0.015	0.015	0.027	0.027	0.023	0.023

因而其关联基金获配新股更受政策限制。衡量承销费偏好的变量 *Hold-Cold* 则只在大基金家族组和大承销商组显著为正，说明只有大承销商有能力搭配销售冷热门 IPO，也只有大基金家族参与这种搭售活动中。其他控制变量的回归结果与模型（8.1）和模型（8.2）基本一致，限于篇幅，没有报告。

我们还把样本分为大券商—大公司（最大的 15 家券商承销的 IPO 并由最大的 12 家基金家族持有）、大券商—小公司（最大的 15 家券商承销的 IPO 并由最小的 20 家基金家族持有）、小券商—大公司（最小的 45 家券商承销的 IPO 并由最大的 12 家基金家族持有）和小券商—小公司（最小的 45 家券商承销的 IPO 并由最小的 20 家基金家族持有）四组分别做回归。回归结果表明，只有在大券商—大公司组别 *BrokerAge* 和 *BrokerAge×Return₃* 显著为正，其他组别关键解释变量都不显著（限于篇幅，没有报告）。这表明，高抑价 IPO 交换佣金只发生在大券商和大基金家族之间，说明只有大基金家族和大券商才有实力参与这场利益交换，与理论预期一致。

第五节　佣金交换 IPO 的经济意义

前面分析了承销商佣金偏好对于基金家族新股获配量的影响，结果表明存在基金家族用佣金交换承销商高抑价 IPO 的现象。但这种交换关系是否具有经济意义，也就是说基金用佣金交换 IPO 能否为其带来收益，还是仅仅是为了迎合承销商而做出的以损害基金持有人的利益为代价的纯粹利益输送行为？前面对佣金支付与 IPO 获配量关系的研究并不能给出答案。为回答该问题，我们利用模型（8.3）对本章假设 H3 进行了检验，结果如表 8—9 所示。

解释变量 *BrokerLead*，不管是上市首日回报还是解禁日回报，其一次项系数显著为正，而二次项在全样本和牛市中显著为负，熊市不显著。这说明全样本和牛市中佣金支付与打新收益之间存在开口向下的抛物线形式的非线性关系，熊市则是简单的线性正相关关系。转折点在上市首日回报取得最大值时，全样本下 *BrokerLead* 等于 283 007.91 万元。我们计算了在全样本下，95% 的基金家族向主承销商支付的佣金小于或等于 25 050.82 万元，即 95% 以上的样本落在开口向下的抛物线左侧，说明佣

表 8—9　佣金交换 IPO 的经济意义

被解释变量	上市首日回报				解禁日回报			
样本	全样本	全样本	牛市	熊市	全样本	全样本	牛市	熊市
BrokerLead	8.25×10^{4}*** (4.49)	7.91×10^{4}*** (4.33)	1.12×10^{5}*** (3.87)	1.53×10^{4}*** (3.41)	6.71×10^{4}*** (5.29)	6.56×10^{4}*** (5.12)	8.75×10^{4}*** (4.51)	1.41×10^{4}*** (2.19)
BrokerLead^2	−0.01*** (−3.64)		−0.04*** (−3.78)	−0.00 (−0.18)	−0.01** (−2.19)		−0.01* (−1.65)	−0.00 (−0.36)
BroLeadDummy	-4.11×10^{7}*** (−4.10)	-3.86×10^{7}*** (−5.37)	-5.45×10^{7}*** (−4.15)	2.62×10^{6} (1.34)	-2.90×10^{7}*** (−6.08)	-2.79×10^{7}*** (−5.76)	-3.17×10^{7}*** (−3.86)	-3.29×10^{6} (−1.54)
BrokerOther	−0.764*** (−4.10)	−0.770*** (−4.13)	−0.949*** (−3.24)	−0.146*** (−3.14)	−0.641*** (−4.92)	−0.643*** (−4.95)	−0.797*** (−4.00)	−0.133** (−1.95)
AffiliatedFund	-1.79×10^{7}*** (−3.68)	-1.82×10^{7}** (−3.75)	-1.74×10^{7}*** (−2.73)	-2.89×10^{7}*** (−3.31)	-5.93×10^{7} (−1.49)	-6.05×10^{7} (−1.52)	-1.99×10^{7} (−0.04)	-3.94×10^{7}*** (−3.56)
IPO_Lead	11.45*** (12.07)	11.43*** (12.07)	16.40*** (12.80)	0.52*** (5.11)	7.40*** (15.84)	7.40*** (15.82)	9.96*** (16.05)	1.45*** (9.35)
Stock_Holding	0.66 (1.39)	0.67 (1.42)	1.46* (1.63)	0.15** (2.26)	0.26 (1.08)	0.27 (1.10)	0.54 (1.12)	0.16 (1.21)
N	12 750	12 750	5 881	6 869	12 750	12 750	5 881	6 869
F	23.44	23.44	26.69	15.96	36.34	42.30	38.81	21.16
调整 R^2	0.311 3	0.311 3	0.287 4	0.029 7	0.218 1	0.217 6	0.284 4	0.056 6

金支付与打新收益之间存在正向关系，只有很少量（小于5%）的基金家族佣金支付反而获得负的打新收益。对解禁日回报和牛市的计算结果相同。而只包含一次项模型的结果也显著为正，说明从整体上基金家族向承销商输送佣金能够获得打新回报。只有极少数佣金支付较多的基金家族打新收益为负。本章假设 H3 得证。

全样本中，*BrokerLead* 的系数等于 8 250，说明基金家族每为主承销商支付 1 亿元佣金，可以获得 8 250 万元打新回报。样本期间，年均基金家族为主承销商支付的佣金均值为 0.49 亿元，因而平均每年基金家族交换回约 4 042 万元打新收益，在经济上也具有重要意义。牛市 *BrokerLead* 的系数比熊市大，而模型（8.1）回归结果也表明，牛市中承销商 IPO 资源和基金家族佣金之间存在更大的关系，这表明，基金家族在牛市中输送佣金能获配更多的新股，带来更多的回报。

全样本和牛市、熊市中，*BroLeadDummy*、*BrokerOther* 基本都显著为负，这表明，仅仅与承销商之间存在佣金支付关系并不足以使基金家族获得更多的打新收益，基金家族从打新中获得的收益取决于基金家族为承销商支付的佣金数量。在本章假设 H1 的检验中，我们发现基金家族获配 IPO 的数量只取决于基金家族支付的佣金数量，而仅仅和承销商存在佣金支付关系并不足以保证基金家族获配更多的 IPO。因而这个结果与本章假设 H1 的结果是一致的。

从关联基金的角度来看，与承销商间的股权关系并不会为基金家族带来更好的经济收益，系数均为负，表明与承销商存在股权关系反而只能获得更低的打新回报。原因是在中国 IPO 配售制度中，主承销商不能向其控制的基金家族配售新股，本章假设 H1 的回归结果表明佣金支付与新股获配量之间也存在负相关关系。由于关联基金支付给承销商的支付佣金数量较大，因而这种佣金支付并没有交换到新股获得更多的打新收益。

第六节　结　论

本章基于承销商偏好理论，对 2005 年以来的询价配售制度下基金家族佣金支付与新股获配量之间的关系进行了研究。研究发现，信息揭示假说不能很好地解释中国 IPO 配售，承销商佣金偏好是影响 IPO 配售的重要因素。承销商会在 IPO 配售中偏好给自己带来佣金收入的基金家族，承销商用高抑价的 IPO 资源交换基金家族的交易佣金，抑价越高，基金家族输送给承销商的佣金越多，并且基金家族能从这种利益输送中获得显著为正的打新收益。这种行为主要发生在大券商和大基金家族之间。在 IPO 配售中，承销商还存在用热门 IPO 资源交换基金家族申购冷门 IPO 的行为。

　　实证结果表明，中国 IPO 配售中存在券商和基金家族之间的利益输送现象，这不仅仅影响 IPO 配置效率，更损害了 IPO 发行人和基金投资者的利益，所以必须加以治理。（1）完善询价配售制度，提高 IPO 定价效率。询价配售制的核心在于实现发行价格的市场化，降低 IPO 抑价，而 IPO 配售中的利益输送行为的形成正是源于 IPO 高抑价。一级市场与二级市场间的巨大价差使得承销商能够通过控制高抑价的 IPO 资源谋取利益，而基金家族参与利益输送所存在的风险也可以通过二级市场进行转移。本章的研究也表明，IPO 资源与佣金的利益交换也只存在于高抑价的新股中，所以，提高 IPO 定价效率，改变 IPO 抑价过高的现状，能从根本上解决 IPO 配售中的利益输送问题。（2）本章的研究表明，只有大券商和大基金家族才能利用其实力在 IPO 配售中进行利益输送。所以，一方面应丰富承销商和询价配售对象的类型和数量，防止少数大承销商和大机构投资者垄断市场，从而相互勾结，进行利益输送；另一方面，监管层须加强对大基金家族和大券商之间关联交易的监管。

第九章　治理基金家族利益输送

证券投资基金已经成为我国资本市场的重要参与力量，也是广大投资者所关注的理财产品。基金业的发展对于稳定资本市场具有重要意义。但是，前面的分析表明，基金家族内部高低价值基金之间以及基金家族与外部利益相关者之间存在较为严重的利益输送行为，这不仅会损害投资者的利益，也不利于资本市场的健康发展，所以利益输送行为必须严格禁止。禁止基金家族利益输送，可以从加强基金家族内部治理和加强外部约束监督两方面着手。本章首先分析基金家族治理结构，发现基金家族治理问题，然后在前面章节对基金家族利益输送行为的实证研究基础上，提出如何治理基金家族利益输送行为的建议。

第一节　改善基金家族内部治理

基金是投资者的货币资产与基金管理人的人力资本的一个特别合约。基金合约与债券合约、股权合约以及公司合约之间的显著区别是：基金管理人拥有对基金资产的剩余控制权，而不享受基金剩余收入的索取权；基金投资者承担基金运作过程中的所有风险，而不拥有基金的控制权，剩余控制权与剩余索取权的不匹配是基金合约的本质特征，容易导致基金管理人通过关联交易、内幕交易、互惠交易等形式将基金利益输送出去，使基金投资者无法获取全部应得的剩余收入。这些表现在：基金管理公司屡屡出现违规关联交易，基金管理公司动用基金资产为其控股股东的新股承销、配股甚至自营业务服务，通过高买低卖方式向其输送利益，以及通过频繁交易增加支付给控股证券公司的佣金收入，在上市公司进行融资或配股时，配合利益相关方进行高价买进或卖出，进行利益输送。这些行为在本书的前面章节已经做了详细分析。

一般来说，公司治理的最终目的是实现股东利益的最大化。但由于基金管理公司管理运作的绝大份额的资产是基金份额持有人的资产，而非股东投入的资产，因而基金管理公司的治理结构所要解决的问题，不仅是要实现基金管理公司的股东利益最大化和提高基金管理公司的运作效率与代客理财的市场竞争力，更重要的是对代理人的行为进行必要的激励、约束和监督，从而实现基金持有人收益的最大化。当股东利益与持有人利益发生冲突时，应以持有人利益为重。因此，基金持有人的利益才是基金管理公司的根本，基金持有人的利益最大化才是基金管理公司治理的目标。

一、我国基金管理公司的组织架构

我国基金管理公司根据《公司法》的规定，实行的是董事会与监事会并存的二元结构，以董事会作为公司的行政管理机构，以监事会作为公司的监督管理机构。董事会处于我国公司治理的核心，但应该受到监事会的监督。董事会与监事会均向股东会负责。但是，由于基金家族的董事会、监事会、经理等各组成部分皆由内部人组成，这些内部人的行为目标和基金持有人的目标存在冲突，因此，对基金管理公司董事会及经理层的监督提出了更高的要求。证监会相继颁布了《证券投资基金管理公司内部控制意见》《关于完善基金管理公司董事人选制度的通知》等部门规章，要求基金管理公司在董事会中设立独立董事，并在董事会下设立督察长。另外，为了有效控制风险，实现基金的既定目标，我国相关法律法规规定，基金管理公司在总经理下面设立两个委员会，即投资决策委员会和风险控制委员会（见图9—1）。

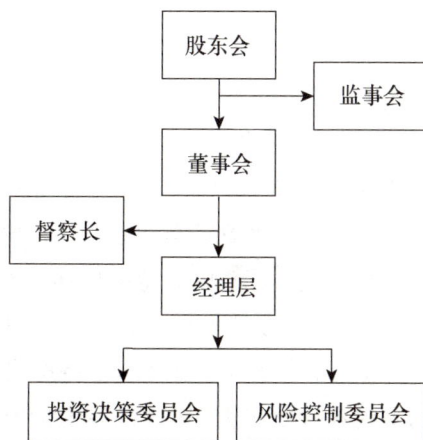

图9—1　基金管理公司组织结构

由此可以看出，基金管理公司与一般公司制企业相比，其组织机构体现出两个明显特点：一是基金管理公司在董事会下一般会设一个督察长，督察长一般由董事长提名、董事会批准、证监会核准，向证监会和董事会负责，对基金运作、内部管理、制度执行、遵规守法进行监察稽核，定期向证监会和董事会出具独立稽核报告；并设立监察部，配合督察长监督、检查风险控制制度的执行情况，负责日常的风险控制工作，对公司各部门风险控制工作进行稽核和检查。二是在总经理下面设了两个委员会——投资决策委员会和风险控制委员会。投资决策委员会主要负责指导基金资产的运作、确定基本的投资策略和投资组合原则；风险控制委员会主要负责全面评价公司在运营过程中的各项风险，并提出防范风险的建议，为重大风险的化解提供决策意见。

二、我国基金管理公司的治理结构

（一）股东会治理

基金管理公司的股东大会是基金管理公司的权力机构，是基金管理公司股东行使表决权、监督权的重要场所，是基金管理公司治理的重要组成部分。股东会的治理对基金管理公司治理有重要意义。在一般公司治理中，公司股东通过股东会行使股东权，维护自己的利益。然而，对于基金管理公司而言，维护基金持有人利益是其首要治理目标，因此，我国在股东会制度设计上首先应当体现的不是维护公司股东的利益，而是维护投资者的利益。一般的公司对股东的资格条件要求甚少，最常见的就是上市公司，只要在股市上购买其股票就能成为该公司的股东。股东资格条件的"低门槛"为上市公司融资提供了极大便利。但是对于基金管理公司而言，股东的资格要求就比较高了。

1. 我国基金管理公司股东资格条件的相关制度

2015 年修正的《证券投资基金法》第十三条规定基金管理公司主要股东"应当具有经营金融业务或者管理金融机构的良好业绩、良好的财务状况和社会信誉，资产规模达到国务院规定的标准，最近三年没有违法记录"。2012 年 11 月 1 日起施行的《证券投资基金管理公司管理办法》第七条规定："申请设立基金管理公司，出资或者持有股份占基金管理公司注册资本的比例（以下简称持股比例）在 5% 以上的股东，应当具备下列条件：（一）注册资本、净资产不低于 1 亿元人民币，资产质量良好；（二）持续经营 3 个以上完整的会计年度，公司治理健全，内部监控制度完善；（三）最近 3 年没有因违法违规行为受到行政处罚或者刑事处罚；（四）没有挪用客户资产等损害客户利益的行为；（五）没有因违法违规行为正在被监管机构调查，或者正处于整改期间；（六）具有良好的社会信誉，最近 3 年在金融监管、税务、工商等行政机关，以及自律管理、商业银行等机构无不良记录。"第八条还规定基金管理公司的主要股东（持有基金管理公司股权比例最高且不低于 25％的股东）除应当符合第七条规定的条件外，还应当具备的条件有"（一）从事证券经营、证券投资咨询、信托资产管理或者其他金融资产管理业务；（二）注册资本不低于 3 亿元人民币；（三）具有较好的经营业绩，资产质量良好"。

这些法律规定为基金管理公司的主要股东规定了准入条件。根据这些法律规定，基金管理公司主要股东需要具有从事证券信托等业务的知识、经验，为股东参与基金管理公司的治理提供了条件；较好的经营业绩和良好的社会信誉以及近年没有违法记录的规定，有利于增强基金管理公司的作为被信任人的信誉；注册资本不低于 3 亿元人民币，有利于基金管理公司的稳定和增强基金投资者对基金管理公司的信心。

2. 我国基金管理公司股东会治理现状

我国基金管理公司的股权相对集中，使股东对公司具有较强的控制能力。目前 61 家基金管理公司中只有少数基金管理公司还存在股权分散的情况，如富国基金管理有限公司，其四位股东中前三位——海通证券股份有限公司、申银万国证券股份有限公司、加拿大蒙特利尔银行的持股比例均为 27％左右，而山东省国际信托投资公司持股比例为 16％左右。大多数基金管理公司在建立之初或通过股权转让等方式，形成了主要股东的绝对控制和相对控制局面。由于大股东在公司中处于控股地位，使其在公司经营过程中不断影响公司决策，干预公司的日常运营。大股东的控制给在基金管理公司治理中保护投资者利益带来了困难：一方面，当大股东的利益与投资者的利益不一致时，大股东在追求其自身的利益的过程中很有可能损害基金持有人的利益。例如，股东的收益主要来自基金管理公司的收益，即基金管理费。基金管理费用高对股东是有利的，却损害了基金持有人的利益。另一方面，大股东对公司经营管理权的控制，使基金管理人内部监督更加困难。大股东通过向公司派遣董事等形式参加公司的经营管理，形成了对公司经营管理权的控制，使得他们谋私利的行为更加便利。大股东很有可能会在利益的驱使下利用公司的资金进行利益输送，如利用基金资金进行一些不正当或不合理的关联交易等。并且，由于大股东已经控制了公司的经营管理，这种利益输送行为在缺乏有效的监督机制的情况下难以被发现。

（二）董事会治理

董事会对公司的经营管理有决策权，基金管理公司的董事会的治理目标与一般公司维护股东利益的目的不同的是：基金管理公司董事会更应注重维护基金持有人的利益。《证券投资基金管理公司治理准则（试行）》（以下简称《准则（试行）》）也明确要求董事会维护基金持有人的利益。我国目前基金管理公司的董事会制度主要来源于《公司法》和《准则（试行）》。然而，《公司法》强调维护股东利益，《准则（试行）》强调维护投资者利益，两者同时适用要达到维护投资者利益的目的显得比较困难。

1. 我国基金管理公司董事和董事会的相关制度

担当基金管理人角色的基金管理公司，在证券投资基金运作中占据着举足轻重的地位，其本身的治理情况如何，不仅关系到公司本身的规范发展及其股东利益能否得到保护，更为重要的是，它还事关基金份额持有人合法权益能否切实得到维护的大问题，直接影响着整个基金业的规范与发展。《证券投资基金管理公司管理办法》第三十七条规定："基金管理公司应当按照《公司法》等法律、行政法规和中国证监会的规定，建立组织机构健全、职责划分清晰、制衡监督有效、激励约束合理的治理结构，保持公司规范运作，维护基金份额持有人的利益"。该条还明确规定，"公司治理应当遵循基金份额持有人利益优先的基本原则。基金管理公司及其股东和公司员工的利益与基金份额持有人的利益发生冲突时，应当优先保障基金份额持有人的利益"。

第四十一条对基金管理公司董事会做了规定："基金管理公司应当明确董事会的职权范围和议事规则。董事会应当按照法律、行政法规和公司章程的规定，制定公司基本制度，决策有关重大事项，监督、奖惩经营管理人员"。第四十二条则对基金管理公司独立董事做了规定："基金管理公司应当建立健全独立董事制度，独立董事人数不得少于 3 人，且不得少于董事会人数的 1/3"。第四十三条规定，董事会审议重大事项应当经过 2/3 以上的独立董事通过。第四十四条规定："基金管理公司应当建立健全督察长制度，督察长由董事会聘任，对董事会负责，对公司经营运作的合法合规性进行监察和稽核"。第四十五条规定："基金管理公司应当加强监事会或者执行监事对公司财务、董事会履行职责的监督作用，维护股东合法利益"。第四十六条规定："基金管理公司的总经理负责公司的经营管理。基金管理公司的高级管理人员及其他工作人员应当忠实、勤勉地履行职责，不得为股东、本人或者他人谋取不正当利益"。

从上文论述可以看出，一系列法律条文规定的我国基金治理的基本框架，解决了基金治理中的基本问题，对于规范和促进我国基金行业的发展具有巨大的推动作用。

2. 独立董事制度

根据一般公司治理的目标，独立董事设立的目的是为了维护股东利益；根据基金管理公司治理的目标，独立董事设立的目的则是为了维护基金持有人的利益——上文已经提到，包括独立董事在内的整个董事会都应该立足于维护基金持有人的利益。在独立董事制度中，独立董事作为基金持有人利益的代表，和其他董事对公司重大决策享有同等的表决权，通过监督和对董事会决策的影响来维护基金持有人的利益。

上述制度的安排，较好地约束了内部人，对防范内部人的道德风险和关联交易起到了一定的作用，但对独立董事的产生办法没有做出明确的规定，无法在独立董事的人格独立性方面做出保障，在一定程度上削弱了独立董事的效用。

（三）监事会治理

监事会或监事是公司的监督角色，独立于公司的董事会与经理层，对股东大会负责，在公司的日常经营和管理中监督董事会和经理层的运作，以维护公司股东的利益。为了保证其独立性，《公司法》第一百一十七条规定董事、高级管理人员不得兼任监事。在基金管理公司的治理中，由于基金管理公司治理的目的是为了维护基金投资者的利益，监事会又被赋予了维护基金投资者利益的新义务。但是，我国《准则（试行）》并未对监事会及监事的构成、职责等做特别规定，也就是说监事会及监事的构成、权利、义务等依据《公司法》的规定。然而，《公司法》中的监事制度的设计目的是为了维护公司股东的利益，而基金管理公司治理的目的却是维护投资者的利益，也就是说，作为基金管理内部组织机构的监事会的职责也应该是维护投资者的利益。并且在实际运作中，股东的利益和投资者的利益又存在一定程度的冲突，这使得原来关于监事会的一些在《公司法》中合理的制度在基金管理公司治理中变得不合理了。

（四）督察长治理

鉴于基金家族内部董事会、监事会形同虚设，在 2006 年 5 月，中国证监会发布了《证券投资基金管理公司督察长管理规定》（以下简称《规定》），要求基金管理公司设立督察长一职。督察长作为基金管理公司设立的专门监督机构，发挥监督作用的目的是维护基金管理公司的运作，维护投资者的利益。督察长直接向监管机构报告。根据《规定》，督察长负责组织指导公司的监察稽核工作。《规定》还赋予了督察长充分的知情权和独立的调查权，要求督察长在履行职责时，应重点关注基金销售、基金投资、基金及公司的信息披露、基金运营、公司资产等方面的问题。

《证券投资基金管理公司管理办法》第四十四条对于督察长制度是这样规定的：基金管理公司应当建立健全督察长制度，督察长由董事会聘任，对董事会负责，对公司经营运作的合法合规性进行监察和稽核。督察长发现公司存在重大风险或者有违法违规行为，应当告知总经理和其他有关高级管理人员，并向董事会、中国证监会和公司所在地中国证监会派出机构报告。《准则（试行）》第七十七条还对督察长的任职条件做出了一般性的规定：督察长应当具备法律、行政法规和中国证监会规定的任职条件，具有丰富的专业知识、良好的品行和职业操守记录，遵守有关行为规范；第七十九条要求公司制定保障督察长独立、有效履行职责的具体规定；第七十六条还规定督察长的产生办法及其权利义务的相关制度，包括督察长的提名、任免程序、权利义务、任期等内容由公司章程加以规定，也就是说，督察长的产生及其权利全部由公司章程加以确定，并且该《准则（试行）》还明确指出了督察长履行职责的目的就是保护基金份额持有人的利益。

（五）经理层治理

经理层运用其专业知识控制着基金管理公司的运作和基金资产的流动，其经营决策和经营行为直接影响着基金的业绩。从一定程度上来讲，经理层治理是基金管理公司治理中与基金资产关系最为密切的部分，因此，基金经理层的治理与投资者的利益的关系也最为密切。根据信托理论，整个基金管理公司的经营行为是为了投资者的利益，那么作为基金管理公司的组织机构，经理层的经营行为也应是为了投资者利益，经理层的相关制度的目的也应该是实现基金管理公司维护投资者利益。

为了提高经理层的工作积极性以及防止经理层在经营活动中的不当行为损害投资者的利益，基金管理公司需要对其进行激励和约束。经理层的利益主要涉及薪水收入、奖金（激励费）和其他不道德收入（与外部资产管理人合谋，或自己开设"老鼠仓"等，通过证券交易方式将基金利润输出，赚取价差）。一般来说，上述人员具有高薪性，但为了激励他们更好地工作，往往会根据基金经理管理的业绩给予一定的激励费。激励费设置的好处之一是能促进基金经理更积极地管理基金，但也有可能刺激基金经理加大投资组合的风险。基金业内盛行的以业绩论成败的基金经理淘汰选拔制度、基金经理业内排名制度以及部分基金管理公司试行的基金经理业绩报酬制度大大增加了基金经理提高投资业绩的压力，刺激基金经理偏向选择高风险的投资。因此，建立健全对基金管理人的内部激励机制刻不容缓。如果能够在激励条款中加入适当的风险限制条款，激励费对基金经理的激励将会起到较好的效果。建立良好的风险评价体系，适时评估基金资产组合的风险，防止基金经理为了追求个人利益而不断扩大基金资产风险，最终损害基金持有人的利益、损害基金管理公司股东的利益。但是，目前我国恰恰缺失这种经理层的激励和约束机制（肖继辉，彭文平，陈树启，2012）。[1]

三、我国开放式基金治理存在的问题与对策

我国开放式基金为契约型基金，基金合同明确基金持有人、管理人和托管人的权利义务。按照基金合同，发起人募集成立基金后，投资者的申购资金由基金管理公司负责投资和运作。契约型基金自身的合约设计，决定了其治理依赖于基金管理公司。直观看，基金管理公司治理机制应该是基金管理公司股东利益的维护工具，而不是基金持有人利益的保障机制。基金管理公司股东利益体现在最大化基金管理费收入，而基金持有人利益体现在最大化基金资产回报率。因此，基金管理公司的治理与维护基金持有人利益的治理必然存在目标偏差。而目前我国开放式基金管理人在合同中占据强势地位，基金管理公司一权独大，对其缺乏有效的约束，因此使得基金持有人的利益完全受制于基金管理公司。

目前我国基金管理公司的治理还存在一定的缺陷，主要体现在几个方面：（1）基金管理公司的股权结构问题。我国现有的基金管理公司注册资本普遍较少。此外，公司采取"绝对控股"和"均分控股"两种模式。前者由一家券商享有绝对的控制权，容易导致"一股独大"的控制人问题。后者的股权也是较低程度的分散，仍然难免"相对控制"的问题，而且绝大多数控制股东为券商，这样的股权结构容易引发基金资产向控股券商的承销、自营甚至委托理财业务输送利益；基金经理可能通过高买低卖的方式向大股东输送利益，通过频繁交易增加支付给控股券商的佣金收入。

---

[1]　参见肖继辉、彭文平、陈树启：《基金家族利益输送：基于业绩差异的研究》，载《经济学家》，2012（5）。

(2) 基金管理公司董事会的约束力不够。首先体现在独立董事人数和构成规定还没有达到能够有效约束的地步。按照 1962 年美国 SEC 发布的报告，40％的独立董事比例对基金监管起不到应有的效果，于是 SEC 在 2003 年将独立董事比例提高到 2/3。而我国法规只要求独立董事不少于 3 人和不少于董事人数的 1/3，比例显然偏低。数据也显示，我国基金管理公司独立董事平均不到 4 人，占董事人数的比例仅为 37.9％。其次，独立董事在公司中的权力规定没有得到保障。欧洲养老基金协会荣誉主席马克·巴约特指出，基金独立董事应对基金本身负责而不是对基金管理公司负责。而我国《证券投资基金管理公司管理办法》没有明确独立董事行使权力过程中遇到基金管理公司股东阻力时的法律保障，使得独立董事的监督能力大打折扣。最后，独立董事与监事会的职责分工缺乏明确的边界。我国的基金管理公司治理模式中，股东会下的董事会与监事会呈并行之态。监事会与独立董事存在监督重合问题，可能导致"搭便车"问题。

(3) 基金经理人对基金资产运作的权力与风险不匹配，对其缺乏有效的激励约束。基金资产的投资通常依赖于研究部门成果和服从投资决策委员会制定的投资策略，因此基金的投资策略和风险的控制主要依赖于投资决策委员会和基金管理公司的管理团队。基金经理的主要工作是从投资决策委员会建立的股票库挑选股票和决定股票的资产配置，其对基金业绩的影响也是直接的。但基金经理的报酬激励与基金回报之间存在严重的不对称，使得激励机制对基金经理行为的约束作业弱化。而投资决策委员会的规模对基金业绩具有重要影响，投资决策委员会既是基金风险控制的主要机构，也是基金经理行为的重要制衡机构。因此，我们认为基金管理公司的投资决策委员会和管理团队也是构成基金内部制衡的重要机制，是基金内部治理的重要方面。

基金管理公司按照《证券投资基金管理公司管理办法》及相关规定，要求基金管理公司聘任独立董事、建立监事会。监事会向股东会负责，主要负责检查公司财务并监督公司董事、高级管理人员尽职情况。2006 年证监会发布《证券投资基金管理公司督察长管理规定》，要求基金管理公司设立督察长，督察长是监督检查基金和公司运作的合法合规情况及公司内部风险控制情况的高级管理人员。实践中，我国基金管理公司董事会、监事会基本都是由股东会推举产生，除了独立董事是外部人之外，其余成员全部由股东和基金管理公司高管担任。督察长一般也由基金管理公司的总经理推选，监事和督察长的任命和选拔制度使得以保护持有人利益为初衷而建立的内部制衡机制很难发挥实效。

总体上看，目前我国基金管理公司治理效果并不尽如人意，是导致基金家族利益输送问题持续存在的根本原因。因此，我国的基金治理结构需要进行优化。

第一，使基金管理人和基金持有人的目标函数保持一致。首先，减少以净资产为基数、按固定比率提取的管理费报酬，增加业绩报酬所占的比重，使基金管理人收取的管理费更好地与基金业绩挂钩；其次，让基金管理人持有基金份额，分享基金剩余索取权并承担风险。按照现行规定，基金发起人持有基金份额的比例为 3％，其中基金管理人持有的比例为 0.5％，基金发起人认购的基金份额自基金成立起一年内不得转让，一年以后的基金存续期内基金发起人持有的份额占基金总份额的比例保持不低于 1.5％。为了提高激励相容程度，应该提高基金管理人持有基金的比例，并严格限制其转让，尽可能使基金管理人与持有人利益一致。

第二，引入声誉机制。声誉机制是基金管理人出于长期利益的考虑而约束出于短期利益考虑的冲动行为的一种机制，它是维持基金管理人与基金投资者之间关系不可缺少的机制。应加强基金经理职业道德教育和培养，通过基金行业协会对基金管理人进行职业道德考核和评价，提高其声誉机制的影响力。[①]

第三，参照欧美国家的经验，进一步完善独立董事制度，以加强对基金管理人的监督和规范。独立董事制度的完善包括：（1）提高独立董事数量和比例；（2）要求独立董事具有相关专业背景；（3）赋予独立董事自我任命的权利；（4）建立独立董事的责任保险机制和履行职责的法律保障机制。

第二节　完善市场约束与外部监督

我国基金家族内部治理存在严重的失衡。作为基金家族股东利益代表的董事会并不能真正代表基金投资者的利益，基金托管人的监督作用名存实亡，基金持有人大会作为基金持有人切实利益的履行者却很难发挥作用，基金管理公司治理机制失效。基于我国基金家族内部治理存在严重问题的现实，我

---

① 参见彭文平、杨蓝蓝：《业绩评价、职业声誉和基金经理行为异化》，载《经济管理》，2013（6）。

们认为抑制基金家族利益输送，保护投资者利益，除加强基金家族内部治理效应之外，有效发挥市场约束和外部监督机制的作用也不可或缺。

一、加强信息披露

开放式基金的赎回机制给投资者提供了"用脚投票"的选择余地，当基金家族内部治理机制不能有效地降低代理成本，基金管理者不能给投资者带来预期的回报时，投资者将赎回基金份额，基金资产就会缩水。同时，以获取固定管理费率为目的的基金管理公司的管理费收入也将随着基金资产规模的缩水而减少。而且，随着基金数量的增加，市场竞争的加剧更加有利于投资者"用脚投票"这一外部约束机制的有效发挥，也可以更有效地纠正基金持有人与基金管理公司的利益偏差，因此，开放式基金的赎回机制可以在一定程度上弥补基金家族内部治理的缺陷。

开放式基金的赎回制度安排，给市场机制约束监督作用的发挥提供了可能。但是市场机制约束监督作用的有效发挥是建立在投资者可以自由和低成本获取基金信息的基础上，这就需要丰富基金信息披露的内容，尤其要增加基金家族治理，经理激励约束和经理选股、选时能力信息的披露。

基金公开披露的信息可分为一次性公告、定期报告、临时报告等类型。一次性公告包括招募说明书、基金契约、托管协议和申购赎回公告书等。（1）招募说明书。该说明书旨在充分披露可能对投资者的投资判断产生重大影响的信息，包括管理人情况、托管人情况、基金销售渠道、申购和赎回的方式与价格、费用种类与比率、基金的投资目标、基金的会计核算原则、收益分配方式等。（2）基金契约。基金发起人应当按照《证券投资基金管理办法》及其实施准则的要求与基金管理人、基金托管人订立基金契约。（3）托管协议。由基金托管人和基金管理人根据基金契约并按《证券投资基金管理办法》实施准则的要求订立托管协议。（4）申购赎回公告书。由基金管理人按照《证券投资基金管理办法》的有关规定编制，在申购赎回开始日前若干工作日内（一般为两日）公告。定期报告包括投资组合公告、中期报告、年度报告等。由基金管理人按照《证券投资基金管理办法》及其实施准则编制，基金托管人复核后予以公布。（1）投资组合公告。该公告揭示基金投资股票、债券的比例，投资股票的行业分类及前十名股票明细等。该公告在每季度结束后的 15 个工作日内公布。（2）中期报告。该报告在会计年度的前 6 个月结束后 15 日内公布，总体反映基金上半年的运作及其业绩情况。主要内容包括：基金简介、管理人报告、财务报告、持有人结构、重要事项揭示等。其中，财务报告包括资产负债报告书、收益及分配报告书、会计报告书附注、流通受限资产情况、基金组合报告等。（3）年度报告。该报告在会计年度结束后 15 日内公告，总体反映基金全年的运作及业绩情况。除中期报告应披露的内容外，还必须披露托管人报告、审计报告、主要财务指标等内容。（4）基金单位净值公告。该公告揭示基准日当天证券交易市场收市后按照最新市价计算的每个基金单位所拥有的基金净资产，该数据每天计算，每交易日公告。临时报告，指基金在运作过程中发生可能对基金持有人利益及基金单位净值产生重大影响的事项时，要及时报告并公告。这些事项主要有：基金持有人大会决议；基金管理人或基金托管人变更；基金管理人的董事长、总经理、基金托管部的总经理变动；基金管理人的董事一年内变更；基金管理人或基金托管部主要业务人员一年内变更；重大关联交易；基金管理人或基金托管人受到重大处罚；重大诉讼、仲裁事项；基金提前终止、基金开放部分发生巨额赎回等其他重大事项。

从上面可以看到，目前我国信息披露的要求是粗线条的，信息披露的不真实、不全面和不及时等是中国证券投资基金业信息披露不规范的主要表现，这样不仅容易误导投资者，也给投资者造成利益损失，同时也扰乱了证券市场秩序。

完善基金信息披露时主要考虑的因素有：基金披露报告的及时性、报告披露的内容是否达到相关法规的最低门槛。本章主要从信息披露的内容角度进一步提出如何完善现有的基金信息披露框架，见表 9—1。

表 9—1　　　　　　　　　我国开放式基金信息披露框架

大类信息	次类信息
经营和财务信息	基金的净值和业绩指标、业绩比较基准
	基金的收益波动性
	基金申购和赎回费率、基金管理费和托管费
	基金当期分配的红利，以及占当期实现收益的比例
	基金财务数据（资产负债表、利润表）和审计报告，期末有价证券的估价方法
	基金的资产组合、行业集中度、持股明细、当期股票买卖情况、基金资产周转率
	基金选股的策略和股票组合的参数*
	基金经理报告、对所管理基金遵守基金契约情况的说明、基金的目标和投资策略

续前表

大类信息	次类信息
基金管理公司董事会治理	独立董事来源、聘任机制、个人简历和兼职情况
	董事会是否设置董事提名委员会
	董事会结构和董事更换情况
	是否设置独立的董事会主席
	内部董事的来源
	董事的报酬水平和结构
	董事会召开的次数和董事会讨论的主要问题
基金管理公司股权结构	股东持股情况、股权的变更情况
	股东是否与基金发起人、托管人有关联关系
	基金与大股东之间的关联交易
基金管理公司的影响力	基金管理公司的基本信息、规模、获奖和被处罚的记录
持有人大会召开	是否召开持有人大会、大会召集方式、大会的主要议题
	主要基金持有人信息和主要持有人变动情况
托管人	托管人的声誉、托管人参与监督基金经营的主要机制
基金经理的激励和约束	基金经理的个人简历，主要包括任职背景、学历和个人性格、投资理念
	经理的报酬激励安排，包括现金报酬水平和结构、持有所管理基金的份额、是否有股票期权计划
	对经理的业绩考核标准
	经理的获奖情况、历史业绩
	经理的选拔和解聘机制

＊包括股票的行业分类、股票的市净率、股票的市值、股票的动力（momentum）。

　　我们在表 9—1 中仅仅提出了一个基金全面信息披露的框架。基金家族要严格按照规定将与经营活动相关的报表及时公布，使信息高度透明化。除强制性信息披露之外，还要鼓励自愿性信息披露，建立健全内幕信息知情人报告制度，加强对基金家族信息披露的监管，强化执法力度。特别是需要加强对基金家族信息披露的动态监管，相关监管部门之间建立监管信息共享和及时传递机制，构建多层次联动监管模式。另外，还可以在基金家族内部建立信息传播的"中国墙"机制①。

二、完善基金评级，加强市场约束

　　仅仅披露了信息仍然不足以防范基金家族利益输送，这一方面是受制

---

① "中国墙"机制（Chinese Wall）是指为防止内幕交易，在证券公司内部，把可能发生利益冲突的各职能部门隔离开，禁止敏感信息在这些职能部门之间相互流动的一种机制。

于自身知识、精力，另一方面是出于"搭便车"的考虑，即使基金披露了全面的信息，广大的中小投资者也未必有能力对该信息进行加总和处理。所以还需要依靠专业化的评级机构处理该信息。基金评级，包括对基金管理公司治理的评级，是建立在基金所披露的信息框架基础之上，通过对基金管理公司治理情况、基金经理激励和经理投资组合配置特征与选股能力等信息的公开披露，可以给投资者提供更多决策相关信息，也将对基金管理者形成非常有效的约束。Wellman 和 Zhou（2007）发现，有较好评级的美国开放式基金其业绩超过评级差的基金，在 2004 年 9 月至 2006 年 12 月期间，每月收益差距达到 10～16 个基点。他们发现，有证据表明投资者卖出业绩差的基金、买进业绩好的基金。所以，基金评级信息对投资而言是具有信息含量的。

自 2001 年以来，国内评估机构主要有银河证券、中信证券、天相投资等，国际知名的评级机构如晨星和惠誉（Fitch）也进入中国。在晨星用于评级的五个变量①中，董事会质量和费率变量最具解释力。依据晨星方法，董事会质量在预测风险、调整业绩时比其他变量，如管制的度量、经理激励或公司文化更有用。董事会是共同基金股东的主要保护者，董事会质量驱动风险调整业绩，投资者通过购买评级好的基金和出售业绩差的基金对评级做出反应。

目前的基金评级大都是针对基金过去业绩表现的评级，由于基金过去的业绩并不能完全代表未来的业绩，建立在历史数据上的量化分析并不能保证基金业绩的稳定性，因此，投资者在选择基金管理公司时应该更多地了解其内部治理运作状况等因素，它们是影响所选择基金未来业绩更为本质和基本的因素。

我们认为，对基金的评级可以基于基金所披露的信息，从基金业绩、基金管理公司董事会和股权治理、基金持有人大会、基金托管人的监管、基金经理的激励约束六个方面进行，采用打分法确定最后的基金评价加总得分。但是，基金评级中遇到的主要困难是如何确定六大因素在基金评分中的权重，以及每一类因素中的每个子因素的权重。而该权重的确定需要进行一系列的实际测算和检验，才能最终确定。根据相关文献的结论，董事会治理在整个评级体系中占据非常重要的地位。但是，考虑到我国的开放式基金是契约型基金，其治理结构不同于公司型基金，因此，我们认为

---

① 董事会质量、费率、管制的度量，经理激励和公司文化。

在整个基金的评级体系中，基金业绩和经理的激励约束将是非常重要的两个因素。

三、加强外部监管

1. 完善法律法规，切实保护投资者利益

之所以出现基金家族内部利益输送现象，是与目前的相关法律法规仍不够完善，还有很多漏洞亟待弥补分不开的。虽然近几年监管部门不断地颁布相关配套法律法规，但是在利益的驱使下，基金家族仍会钻法律法规的漏洞，谋求超额利润，法律法规"边缘化"倾向愈演愈烈。比如，《证券投资基金法》第七十四条规定：基金财产不得从事内幕交易、操纵证券交易价格及其他不正当的证券交易活动。然而对内幕交易、操纵证券交易价格的具体含义法律法规并未详细给出，因此，就大大减弱了法律法规的可操作性。

利益输送行为往往借助关联交易进行。证监会也着重于对基金关联交易的监管。但问题是，相对于基金与大股东的关联行为，目前法律法规的规定显得不够具体。《基金法》界定的关联方除了基金管理人、托管人及其控股股东外，还包括与其有重大利害关系的公司，但"重大利害关系"如何界定并无下文。《准则（试行）》对关联交易的很多具体问题进行了明确，比如：明确禁止基金投资于关联人发行的证券；运用基金资产配合关联人的证券投资业务；有意维持或抬高关联人所承销证券的价格；基金投资于关联人已经持有该股票流通股 10% 以上的股票。至于其他一些关联交易，须经董事会表决通过并经 2/3 以上独立董事同意后方可执行，如基金投资于关联人承销的证券。但对于独立董事在审议上述关联交易时应遵循何种原则以及其在未勤勉尽责时应承担何种责任并未做出规定。另外，董事会在审议金额较大的关联交易事项时，应聘请会计师事务所和律师事务所分别就关联方交易的公允性和合法性出具意见。至于具体金额，则应在公司章程中给予明确。但是在正式出台的文件中，这些关联交易的规定依然显得模糊，缺乏可操作性。

从实际情况来看，即使一些违法违规行为被监管部门查处，但由于受处罚的成本太低，也很难对违规者起到惩罚和警示作用，因此应该加大惩处力度，让违规者付出高昂的代价。另外，尽管证监会一直把保护投资者的利益问题作为中国基金业发展过程中的重中之重，但在实践中保护力度还比较弱，即使投资者发觉基金家族的违规行为，也因为无法获取相关的

数据支持而只能不了了之。由此可见，在完善投资者保护相关法律法规的过程中，要积极吸收国外的经验和教训，并结合中国的实际情况，做到切实保护投资者的合法权益，比如可以制定专门的《投资者权益保护法》之类的法律法规等，让"边缘化"的法律变成"行动中"的法律。要想实现这个转变，就需要深层次的制度结构变革，同时还需要一个证券市场治理理念的转变，即从证券监管制到国家治理理念的转变。

2. 强化对基金家族利益输送的监管

从实证检验的结果来看，中国基金家族内部存在利益输送的动机，并通过多种手段在家族内不同基金以及家族外利益相关者之间输送利益。这不仅有可能扰乱公平合理的市场秩序，而且严重损害投资者的核心利益。针对基金家族存在的利益输送行为，根据本书的实证研究结果，参考国外处理和防范基金利益输送行为的相关做法，本章提出以下建议：

在监管家族内部利益输送行为方面，监管层监管基金家族内部利益输送的重点应放在：（1）成立时间短、规模较大、成员数量多以及成员基金异质性较高的基金家族。因为前面章节的研究结果表明，它们更可能会以资源配置和不公平交易策略为手段进行利益输送。（2）家族内部利益行为。重点监管基金家族是否倾向于将优质 IPO 和经理资源有偏地分配给家族内业绩较差、费率较低的较为年轻的小基金；同一基金家族内业绩差的基金是否为业绩好的基金以及大规模基金是否为小规模基金"抬轿"；年老基金是否为年轻基金以及大规模基金是否为小规模基金卖出股票"接盘"。（3）利益输送的结果。现有监管措施从基金家族不同投资组合的收益率差异入手监管基金家族利益输送行为。本书的研究表明，基金家族利益输送确实会造成成员基金之间业绩的差异，从利益输送的结果出发监管是合适的，但应注意：定期跟踪基金管理公司内部的、按照历史业绩划分的高低价值基金的净风格收益的差异。因为根据本书第五章的研究结果，业绩差异和利益输送方向在一年期发生反转，因而监管周期不宜超过 6 个月。现有监管方法中年度周期是不恰当的，建议增加半年度周期。同时，建议用基金的净风格收益作为衡量利益输送的标准。

本书对 IPO 配售中基金家族与外部利益相关者之间的利益输送的实证研究结果表明，中国 IPO 配售中存在券商和基金家族之间的利益输送现象，这不仅仅影响 IPO 配置效率，更损害了 IPO 发行人和基金投资者的利益，所以必须加以治理。在监管 IPO 配售中基金家族与外部利益相关者的利益输送时，应：（1）完善询价配售制度，提高 IPO 定价效率。

询价配售制的核心在于实现发行价格的市场化，降低 IPO 抑价，而 IPO 配售中的利益输送行为的形成正是源于 IPO 高抑价。一级市场与二级市场间的巨大价差使得承销商能够通过控制高抑价的 IPO 资源谋取利益，而基金家族参与利益输送所存在的风险也可以通过二级市场进行转移。本书第六章和第七章的研究也表明，IPO 资源与佣金的利益交换也只存在于高抑价的新股中，所以，提高 IPO 定价效率，改变 IPO 抑价过高的现状，能从根本上解决 IPO 配售中的利益输送问题。（2）本书第六章和第七章的研究表明，只有大券商和大基金家族才能利用其实力在 IPO 配售中进行利益输送。所以，一方面应丰富承销商和询价配售对象的类型和数量，防止少数大承销商和大机构投资者垄断市场，从而相互勾结进行利益输送；另一方面，监管层须加强对大基金家族和大券商之间关联交易的监管。

3. 进一步完善多元化的监管体系

在实际的基金运作过程中，投资者购买了基金后，对基金家族的相关业务操作及自己财产的运作情况知之甚少，同时两大主体之间又存在利益冲突，而现有的监管体制不够完善，监管要求不清晰，举证困难，从而造就容易滋生利益输送的土壤。国外经验和国内实践证明，证券投资业单纯依靠国家证券监督机构的监管，难以在制度和行为上得到真正的完善。而一些中间组织，比如证券交易所，能够实时取得基金家族的各种交易数据，适时进行监管，在监管上更具有时间和数据优势，更容易获取利益输送行为的证据。所以，要有力地监管基金家族利益输送，不可缺少这些机构的力量。可以通过设立中间组织进行监管和干预，比如，设立委托资产投资交易监控小组，防范利益输送。目前，中国证监会已与中国证券登记结算有限责任公司、深沪交易所共同成立了基金公平交易监控小组，以加强对基金投资关联交易、货币基金投资交易的实时监控，今后应进一步加强。

尽管我国的基金业目前已组建多元化的监管体系，但是在完善国家基金业的各项法律法规，发挥职能部门的监督作用的同时，还要加强基金业的行业自律管理，发挥基金行业协会等组织的作用。基金行业协会根据国家的各项基金业基本法律法规，在行业内部可起到自我监督和自律的作用，通过行业自律弥补法制上的不足。基金行业协会在中国证监会的领导下开展工作，主要职责包括负责参与起草、讨论基金交易规则、行业条例、日常运作规范，协调基金运作中出现的问题等。基金行业协会可以在相关法律框架内制定行业业务规则，并协调监督基金业市场的各项法律法规的落实情况，可通过特定渠道对外公布相关检查情况的通报，组织开展相关法规的培训和宣传，组织行业内各项评比活动。中国证监会应授予基金行业协会一定的监管权，在行业协会开展各项工作的过程中，如果发现基金行业中存在违规现象，有权要求违规者对违规行为进行解释说明，并对违规者采取行业内批评，情节严重的可以协助国家有关监管部门进行调查，并提供处罚建议。

参考文献

[1] Ajay Khorana, Henri Servaes. Conflicts of interest and competition in the mutual funds industry [R]. Working Paper, 2004.

[2] Ajay Khorana, Henri Servaes. The determinants of mutual fund starts [J]. Review of Financial Studies, 1999, 12 (5).

[3] Alexander P. Ljungqvist, William J. Wilhelm. IPO allocations: discriminatory or discretionary [J]. Journal of Financial Economics, 2002 (65).

[4] Ann E. Sherman. IPOs and long term relationships: an advantage of book building [J]. Review of Financial Studies, 2000, 13 (3).

[5] Ann E. Sherman, Sheridan Titman. Building the IPO order book: underpricing and participation limits with costly information [J]. Journal of Financial Economics, 2002 (65).

[6] Asquith, P., Mikhail, M. B., Au, A. S.. Information content of equity analyst reports [J]. Journal of Financial Economics, 2005, 75: 245–282.

[7] Baumol, William J., Stephen M. Goldfeld, Lilli A. Gordon, and Michael F. Koehn. The economics of mutual fund markets: competition versus regulation [M]. Kluwer Academic Publisers, Boston: MA, 1990.

[8] Beck, Nathaniel, Jonathan N. Katz. What to do (and not to do) with time-series-cross-section data in comparative politics [J]. American Political Science Review, 1995, 89.

[9] Becker, G.. Crime and punishment: an economic approach [J]. Journal of Political Economy, 1968, 76 (2).

[10] Benjamin Goleμzy, José M. Marín. Price support by bank-affil-

iated mutual funds [R]. Workpaper, 2012.

[11] Benson, K. L., Tang, G. & Tutticci, I.. The relevance of family characteristics to individual fund flows [J]. Australian Journal of Management, 2008, 32 (3).

[12] Bergstresser, D., Poterba, J., Cutler, D., et al.. Do after-tax returns affect mutual fund inflows? [J]. Journal of Financial Economics, 2002, 63 (3).

[13] Berk, Jonathan B., Richard C. Green. Mutual fund flows and performance in rational markets [J]. Journal of Political Economy, 2004, 112.

[14] Bolton, P., Freixas, X., Shapiro, J.. Conflicts of interest, information provision, and competition in the financial services industry [J]. Journal of Financial Economics, Volume 85, Issue 2, August 2007.

[15] Brown, K. C., Harlow, W. V., Laura T. Starks. Of tournaments and temptations: an analysis of managerial incentives in the mutual fund industry [J]. Journal of Finance, 1996, 51.

[16] Cabral, L. M. B., Santos, J. A. C.. Cross selling and banking efficiency. Unpublished working paper. New York University, 2001.

[17] Carhart, Mark, Kaniel, Ron, Musto, David, Adam Reed. Leaning for the tape: evidence of gaming behavior in equity mutual funds [J]. Journal of Finance, 2002, 57.

[18] Carhart. On persistence in mutual fund performance [J]. Journal of Finance, 1997 (52).

[19] Chan, L. K. C., Karceski, J., Lakonishok, J.. Analysts' conflicts of interest and biases in earnings forecasts [J]. Journal of Financial and Ouantitative Analysis, Vol. 42, No. 4, Dec. 2007: 893−914.

[20] Chen, J., Hong, H., Huang, M., Kubik, J.. Does fund size erode mutual fund performance? role of liquidity and organization [J]. American Economic Review, 2004, 94: 1276−1302.

[21] Chevalier, Judith and G. Ellison. Career concerns of mutual fund managers [J]. Quarterly Journal of Economics, 1999, 114: 389−432.

[22] Chevalier, J., Ellison, G.. Risk taking by mutual funds as a

response to incentives [J]. Journal of Political Economy, 1997, 105: 1167-1200.

[23] Chevalier, J., Ellison, G.. Are some mutual fund managers better than others? cross-sectional patterns in behavior and performance [J]. Journal of Finance, 1999, 54 (3): 875-899.

[24] Cici, G., Gibson, S., Moussawi, R.. Mutual fund performance when parent firms simultaneously manage hedge funds [J]. Journal of Financial Intermediation, 2010, 19 (2): 169-187.

[25] Cooper, M., Gulen, H., Rau, R.. Changing names with style: mutual fund name changes and their effects on fund flows [J]. Journal of Finance, 2005, 60: 2825-2858.

[26] Cornelli, F., Goldreich, D.. Bookbuilding and strategic allocation [J]. Journal of Finance, 2001 (56): 2337-2369.

[27] Davis, G. F., Kim, E. H.. Business ties and proxy voting by mutual funds [J]. Journal of Financial Economics, 2007 (85): 552-570.

[28] DeBondt, W. F. M., Thaler, R. H.. Does the stock market overreact? [J]. Journal of Finance, 1985 (40): 793-805.

[29] Dermine, J., Röller, L.. Economics of scope and scale in French mutual funds [J]. Journal of Finance Intermediation, 1992, 2 (4): 1077-1082.

[30] Derrien, F., Womack, K. L.. Auctions vs. bookbuilding and the control of underpricing in hot IPO markets [J]. Review of Financial Studies, 2002 (34): 76-89.

[31] Dietz, D., Levy, A.. Wall Street's "dumping ground" [N]. Bloomberg, June (2004): 40-50.

[32] Elton, E. J., Gruber, M. J., Green, T. C.. The impact of mutual fund family membership on investor risk [J]. Journal of Financial and Quantitative Analysis, 2007 (42): 257-278.

[33] Fama, E. F., French, K. R.. Risk return and equilibrium: empirical tests [J]. Journal of Political Economy, 1973 (3): 607-636.

[34] Fant, L. F., O'Neal, E. S.. Temporal changes in the determinants of mutual fund flows [J]. Journal of Financial Research, 2000 (23): 353-371.

[35] Farrell, M. J.. The Measurement of production efficiency [J]. Journal of the Royal Statistical Society, 1957, 120: 253−281.

[36] G. Andrade, M. Mitchell & E. Stafford. New evidence and perspectives on mergers [J]. Journal of Economic Perspectives, 2001, 15: 103−120.

[37] Goetzmann, W. N. , Ibbotson, R. G.. Do winners repeat [J]. Journal of Portfolio Management, 1994, 20: 9−18.

[38] Golez, B. and Marin, J.. Price support by bank-affiliated mutual funds [R]. IMDEA Social Sciences Working Paper, 2010.

[39] Grinblatt, M. , Titman, S. , Wermers, R.. Momentum investment strategies, portfolio performance and herding: a study of mutual fund behavior [J]. American Economic Review, 1995, 85: 1088−1105.

[40] Guedj, I. , Papastaikoudi, J.. Can mutual fund families affect the performance of their funds? [R]. Working Paper, 2003.

[41] Hanley, K. W. , Wilhelm, W. J.. Evidence on the strategic allocation of initial public offerings [J]. Journal of Financial Economics , 1995, 37: 239−257.

[42] Hanley, K. W.. Underpricing of initial public offerings and the partial adjustment phenomenon [J]. Journal of Financial Economics, 1993, 34 (2): 231−250.

[43] Hendricks Darryll, Jayendu Patel, Richard Zeckhauser. Hot hands in mutual funds: short-run persistence of relative performance [J]. Journal of Finance, 1993 (48): 1974−1988.

[44] Hong Harrison, Kubik Jeffrey, Jeremy Stein. Thy neighbor's portfolio: word-of-mouth effects in the holdings and trades of money managers [R]. mimeo, Stanford University, 2003.

[45] Hsuan-Chi Chen, Christine W. Lai. Reputation stretching in mutual fund starts [J]. Journal of Banking & Finance, 2010, 34: 193−207.

[46] Hu, P. , Kale, J. R. & Subramanian, A.. Relative risk choices by mutual fund managers [R]. Working Paper, Georgia State University, 2002.

［47］Hu, F. , Hall, A. R. & Harvey, C. R.. Promotion or demotion? an empirical investigation of the determinants of top mutual fund manager change ［R］. Working Paper, Duke University, 2000.

［48］Ivkovic, Zoran. Spillovers in mutual fund families: is blood thicker than water? ［R］. Working Paper, 2003.

［49］J. Gaspar, M. Massa, P. Matos. Favoritism in mutual fund families? evidence on strategic cross-fund subsidization ［J］. The Journal of Finance, 2006 (3): 249-304.

［50］Jackson, A. R.. Trade generation, reputation, and sell-side analysts ［J］. Journal of Finance , 2005, 60: 673-717.

［51］Jay R. Ritter and Donghang Zhang. Affiliated mutual funds and the allocation of initial public offerings ［J］. Journal of Financial Economics, 2007 (2): 337-368.

［52］Jegadeesh, N. , Titman, S.. Returns to buying winners and selling losers: implications for stock market efficiency ［J］. Journal of Finance, 1993 (48): 65-91.

［53］Jenkinson Tim, Howard Jones. Bids and allocations in European IPO bookbuilding ［J］. Journal of Finance, 2004 (59): 2309-2338.

［54］Jenkinson Tim, Howard Jones. IPO pricing and allocation: a survey of views of institutional investors ［R］. Working Paper, University of Oxford, 2006.

［55］Johnson, Simon, La Porta, Rafael, Lopez-de-Silanes, Florencio & Shleifer, Andrei. Tunnelling ［J］. American Economic Review, 2000, 90 (2): 22-27.

［56］Johnson, W. C. , Marietta-Westberg, J.. Universal banking, asset management, and stock underwriting ［J］. European Financial Management, 2009 (15): 703-732.

［57］Jonathan Reuter. Are IPO allocations for sale? evidence from mutual funds ［J］. Journal of Finance, 2006 (6): 2289-2324.

［58］Joop Huij, Marno Verbeek. Spillover effects of marketing in mutual fund family ［J］. Journal of Financial Economics, 2006.

［59］Kacperczyk, M. , Sialm, C. , Zheng, L.. Unobserved actions of mutual funds ［J］. Rev. , Finan, Stud. , 2008, 21: 2416-2479.

[60] Kempf, A., Ruenzi, S.. Family matters: the performance flow relationship in the mutual fund industry [R]. Working Paper, 2004.

[61] Khorana, A., Servaes, H.. What drives market share in the mutual fund industry? [J]. Review of Finance, 2012, 16 (1): 81-113.

[62] Khorana, A., Servaes, H.. Examination of competition in the mutual fund industry [R]. Working Paper, London Business School, 2002.

[63] Khorana, A., Servaes, H.. Competition and conflicts of interest in the U. S. mutual fund industry [R]. SSRN working paper, 2007.

[64] Khorana, A.. Performance changes following top management turnover: evidence from open-end mutual funds [J]. Journal of Financial and Quantitative Analysis, 2001, 36: 371-393.

[65] Khorana, A.. Top management turnover: an empirical investigation of mutual fund managers [J]. Journal of Financial Economics, 1996, 40 (3): 403-427.

[66] L. Cohen, B. Schmidt. Attracting flows by attracting big clients [J]. Journal of Finance, 2009, 64 (5): 2125-2151.

[67] Lakonishok, Josef, Shleifer, Andrei, Thaler, Richard, Robert Vishny. Window dressing by pension fund managers [J]. American Economic Review, 1991, 81: 227-231.

[68] Lawrence M. Benveniste, Paul A. Spindt. How investment bankers determine the offer price and allocation of new issues [J]. Jounal of Financial Econmics, 1989 (24): 343-361.

[69] Lawrence M. Benveniste, Walid Y. Busaba, William J. Wilhelm. Information externalities and role of underwriters in primary equity markets [J]. Review of Financial Intermediation, 2002, 11 (1): 61-86.

[70] Ljungqvist, A., Wilhelm, W. J.. IPO pricing in the dot-com bubble [J]. Journal of Finance, 2003, 58: 723-752.

[71] Loughran, T. J. R. Ritter. Why don't issuers get upset about leaving money on the table in IPOs? [J]. Review of Financial Studies, 2002, 15: 413-443.

[72] M. Nimalendran, Jay R. Ritte, Donghang Zhang. Do today's trades affect tomorrow's IPO allocations? [J]. Journal of Financial Economics, 2007 (84): 87-109.

[73] Mahoney, P. G.. Manager-investor conflicts in mutual funds [J]. Journal of Economic Perspectives, 2004, 18, 161-182, 17-29.

[74] Malmendier, U., Shanthikumar, D.. Are small investors naive about incentives? [J] Pages: Journal of Financial Economics, Volume 85, Issue 2, August 2007, Pages 457-489.

[75] Massa, Massimo. How do family strategies affect fund performance? when performance-maximization is not the only game in town [J]. Journal of Financial Economics, 2003, 67: 249-304.

[76] Massa, Massimo. Why so many mutual funds? mutual fund families, market segmentation and financial performance [R]. Working Paper, 1998.

[77] Massimo Massa, Zahid Rehman. Information flows within financial conglomerates: evidence from the banks-mutual funds relation [J]. Journal of Financial Economics, 2008, 89: 288-306.

[78] Mehrana, H. & Stulz, R. M.. The economics of conflicts of interest in financial institutions [J]. Journal of Financial Economics, 2007, 85: 267-296.

[79] Michael Goldstein, Paul Irvine, Andy Puckett. Purchasing IPOs with commissions: theoretical predictions and empirical results [R]. Workpaper, 2008.

[80] Michaely, R., Womack, K.. Conflict of interest and the credibility of underwriter analyst recommendations [J]. Review of Financial Studies 1999, 12: 653-686.

[81] Moez Bennouri, Sonia Falconieri. The optimal design of IPOs: price vs quantity discrimination [R]. Working Paper, HEC Montreal and Tilburg University, 2004.

[82] N. P. B. Bollen, Jeffrey A. Busse. Short-term persistence in mutual fund performance [J]. Review of Financial Studies, 2004 (18): 569-597.

[83] Nanda, Vikram, Wang, Zhi, Zheng, Lu. Family value and the star phenomenon: strategies of mutual fund families [J]. Review of Financial Studies, 2004, 17: 667-698.

[84] P. Aghion, J. C. Stein, Growth versus margins: destabilizing

consequences of giving the stock market what it wants [J]. Journal of Finance, 2008, 63 (3): 1025—1058.

[85] Qing Hao, Xuemin Yan. Conflicts of interest and mutual fund performance: evidence from investment banking relationships [R]. Workpaper, 2007.

[86] Qing Hao, Xuemin Yan. The performance of investment bank affiliated mutual funds: conflicts of interest or informational advantage [J]. Journal of Financial and Quantitative Analysis, February 14, 2011.

[87] R. Aggarwal, N. Prabhala, M. Puri. Institutional allocation in initial public offerings: empirical evidence [J]. Journal of Finance, 2002 (57): 1421—1442.

[88] Rajan, R., Servaes, H., Zingales, L.. The cost of diversity: the diversification discount and inefficient investment [J]. Journal of Finance, 2000 (55): 35—80.

[89] Reena Aggarwal, Nagpurnanand R. Prabhala, Manju Puri. Institutional allocation in initial public offerings: empirical evidence [J]. Journal of Finance, 2002 (57): 1421—1442.

[90] Reilly, F. K. and Hatfield, K.. Investor experience with new stock issues [J]. Financial Analysts Journal, 1969 (September/October): 73—80.

[91] Reilly, Frank K.. Further evidence on short-run results for new issues investors [J]. Journal of Financial and Quantitative Analysis, 1973, 8: 83—90.

[92] Ritter, J. R., Zhang, D.. Affiliated mutual funds and the allocation of initial public offerings [J]. Journal of Financial Economics, 2007, 86: 337—368.

[93] Rock, K.. Why new issues are underpriced [J]. Journal of Financial Economics, 1986 (15): 187—212.

[94] Scharfstein, David S., Stein, J. C.. The dark side of internal capital markets: divisional rent seeking and inefficient investment [J]. Journal of Finance, 2000 (55): 2537—2564.

[95] Scott, W. J., Grasmick, H. G.. Deterrence and income tax cheating: testing interaction hypothesis in utilitarian theories [J]. Jour-

nal of Applied Behavioral Science, 1981, 17: 395-405.

[96] Sharpe, William F.. Capital asset prices: a theory of market equilibrium under conditions of risk [J]. Journal of Finance, 1964, 19: 425-442.

[97] Sirri, Erik R., Tufano, P.. Costly search and mutual fund flows [J]. Journal of Finance, 1998 (53): 1589-1622.

[98] Spiess, Affleck-Graves. Underperformance in long-run stock returns following seasoned equity offerings [J], Journal of Financial Economics, Volume 38, Issue 3, July 1995: 243-267.

[99] Spitz, A. Edward. Mutual fund performance and cash inflows [J]. Applied Economics, 1970 (2): 141-145.

[100] Stoll, H. R. and Curley, A. J.. Small business and the new issues market for equities [J]. Journal of Financial and Quantitative Analysis, 1970, 5: 309-322.

[101] Tim Loughran, Jay R. Ritter, The new issues puzzle [J]. The Journal of Finance, Vol. 50, No. 1 (Mar., 1995): 23-51.

[102] Tim Loughran, Jay R. Ritter. Why has IPO underpricing changed over time [J]. Financial Management, 2004.

[103] Tim Loughran, Jay R. Ritter. Why don't issuers get upset about leaving money on the table in IPOs? [J]. Review of Financial Studies, 2005, 15 (2): 413-444.

[104] Treynor, J. L.. How to rate management investment fund [J]. Harvard Business Review, 1965, 2: 63-75.

[105] Wellman, J. W., Zhou, J.. Corporate governance and mutual fund performance: a first look at morningstar's fiduciary rankings [J]. Social Science Electronic Publishing, 2007.

[106] Wermers, R.. Mutual fund performance: an empirical decomposition into stock-picking talent, style, transactions costs and express. Journal of Finance [J]. 2000, 55 (4): 1655-1695.

[107] William C. Johnson, Jennifer Marietta-Westberg. Universal banking, asset management and stock underwriting [J]. Financial Management, 2009 (1): 703-732.

[108] William L. Megginson and Kathleen A. Weiss . Venture capi-

talist certification in initial public offerings [J]. The Journal of Finance, Vol. 46, No. 3 (Jul., 1991): 879-903.

[109] Y. Duan, E. S. Hotchkiss, Y. Jiao. Corporate pensions and financial distress [J]. Social Science Electronic Publishing, 2015.

[110] 蔡祥, 邹海峰, 李雅翀. 证券投资基金间的利益输送与封闭式基金折价 [J]. 当代财经, 2011 (9).

[111] 戴晓凤, 张敏文. 中国基金家族明星基金溢出效应显著性的实证分析 [J]. 海南金融, 2010 (3).

[112] 邓超, 蔡奕奕. 我国配置型开放式基金规模与回报关系的实证研究 [J]. 中南大学学报（社会科学版）, 2005 (10).

[113] 董超, 白重恩. 中国封闭式基金价格折扣问题研究 [J]. 金融研究, 2006 (10).

[114] 冯金余. 开放式基金赎回与业绩的内生性：基于中国动态面板数据的分析 [J]. 证券市场导报, 2009 (3).

[115] 苟思. 我国 IPO 发售机制研究 [D]. 重庆：重庆大学, 2006.

[116] 郭泓, 赵震宇. 承销商声誉对 IPO 公司定价、初始和长期回报影响实证研究 [J]. 管理世界, 2006 (3).

[117] 何剑. 基于机构利益的中国股市 IPO 抑价实证研究 [J]. 广东商学院学报, 2009 (6).

[118] 侯晓鸿, 韩鑫. 累计投标询价发行机制研究述评 [J]. 价值工程, 2012 (3).

[119] 胡小玲. 基于明星基金溢出效应的中国基金家族行为动机研究 [D]. 长沙：中南大学, 2009.

[120] 黄婧. 新股发售机制比较研究 [D]. 成都：西南财经大学, 2007.

[121] 兰天, 郭晓倩. 上市公司新股首次公开发行询价配售制下的灰色市场机制 [J]. 企业研究, 2012 (2).

[122] 李宁. 上市动机、投资者情绪与首次公开募股市场收益 [J]. 中国流通经济, 2011 (12).

[123] 李宪立. 中国证券投资基金业绩评价研究 [M]. 上海：上海财经大学出版社, 2007.

[124] 李翔, 林树, 陈浩. 为什么基金投资收益与基金规模负相关 [J]. 学海, 2009 (3).

［125］李心丹，宋素荣，卢斌，等. 证券市场内幕交易的行为动机研究［J］. 经济研究，2008（10）.

［126］李学峰，李心印，张舰. 开放式基金持有人申购赎回行为收益敏感性指标分析［J］. 金融理论与实践，2009（5）.

［127］李悦，黄温柔. 中国股票型基金业绩持续性实证研究［J］. 经济理论与经济管理，2011（12）.

［128］林树，李翔，杨雄胜，Onkit Tam. 他们真的是明星吗？——来自中国证券基金市场的经验证据［J］. 金融研究，2009（5）.

［129］林树，田澍，史有萍. 关联交易还是信息优势？——基于国内证券投资基金重仓股的分析［J］. 上海金融，2012（5）.

［130］刘玉灿，李心丹，王冀宁. 发行方式与初始回报的分析研究［J］. 系统工程理论与实践，2005（10）.

［131］刘钰善，刘海龙. 无新股配售权限制下的操纵行为［J］. 系统工程理论与实践，2009（4）.

［132］刘钰善，刘海龙. 新股询价发行中的价格区间与配售策略［J］. 管理工程学报，2009（1）.

［133］刘钰善. 我国 IPO 市场的询价发行机制研究［D］. 上海：上海交通大学，2009.

［134］刘煜辉，贺菊煌，沈可挺. 中国股市的信息反应模式的实证分析［J］. 管理世界，2003（8）.

［135］刘志新，许宁. 基金系内部交叉补贴行为研究［J］. 管理科学学报，2010（3）.

［136］刘志远，姚颐. 开放式基金的"赎回困惑"现象研究［J］. 证券市场导报，2004（2）.

［137］刘志远，郑凯，何亚南. 询价对象之间是竞争还是合谋［J］. 中南财经政法大学学报，2011（3）.

［138］鲁炜，蔡冬梅. 开放式基金规模与业绩关系的实证研究［J］. 经济纵横，2007（8）.

［139］陆蓉，陈百助，徐龙炳，等. 基金业绩与投资者的选择——中国开放式基金赎回异常现象的研究［J］. 经济研究，2007（6）.

［140］陆蓉，李良松. 家族共同持股对基金管理公司业绩与风险的影响研究［J］. 金融研究，2008（2）.

［141］吕鹏，田瑞国. 中国封闭式基金折价与潜在利益输送关系研究

[J]. 特区经济，2008（5）.

[142] 彭文平，杨洋. 为什么基金规模损害基金业绩？——来自家族组织的证据 [R]. 工作论文，2013.

[143] 彭文平，杨蓝蓝. 业绩评价、职业声誉和基金经理行为异化 [J]. 经济管理，2013（6）.

[144] 彭文平. 基金打新是"送礼祝贺"吗？——基于中国特色 IPO 配售制度的研究 [J]. 财经研究，2013（8）.

[145] 邱加蔚. 委托资产管理与公募基金利益输送风险的防范与控制 [J]. 浙江师范大学学报（社会科学版），2003（5）.

[146] 饶育蕾，张媛，胡小玲. 明星基金暂停申购是否加剧了溢出效应——对中国开放式基金家族的实证研究 [J]. 预测，2010（3）.

[147] 任淮秀，汪涛. 中国开放式基金赎回行为的实证分析 [J]. 经济理论与经济管理，2007（6）.

[148] 桑榕. 累计订单询价机制下主承销商的股票分配动机分析 [J]. 证券市场导报，2008（2）.

[149] 邵新建，巫和懋，李泽广，等. 中国 IPO 上市首日的超高换手率之谜 [J]. 金融研究，2011（9）.

[150] 邵新建，巫和懋. 中国 IPO 中的机构投资者配售、锁定制度研究 [J]. 管理世界，2009（10）.

[151] 舒建平，王苏生，杨慧孜. 中国基金家族内部封闭式基金对开放式基金的补贴研究 [J]. 投资研究，2012（4）.

[152] 宋光辉，王晓晖. 明星现象、家族策略与投资者的选择 [J]. 财贸经济，2011（5）.

[153] 宋书彬. 中国 IPO 市场承销商行为研究 [D]. 大连：东北财经大学，2011.

[154] 汪慧建，张兵，周安宁. 中国开放式基金赎回异象的实证研究 [J]. 南方经济，2007（8）.

[155] 王海峰，何君光，张宗益. 询价配售制与承销风险实证研究 [J]. 金融研究，2006（5）.

[156] 王华兵. 投资者偏好与基金家族资源配策略 [J]. 财经科学，2009（8）.

[157] 王擎，吴玮，蔡栋梁. 基金评级与资金流动——基于中国开放式基金的经验研究 [J]. 金融研究，2010（9）.

[158] 王永宏，赵学军. 中国股市"惯性策略"和"反转策略"的实证分析 [J]. 经济研究，2001（6）.

[159] 吴启芳，陈收. 单因素指标评估投资业绩：证券投资基金实证分析 [J]. 数量经济技术经济研究，2003（1）.

[160] 肖继辉，彭文平，陈树启. 基金家族利益输送：基于业绩差异的研究 [J]. 经济学家，2012（5）.

[161] 肖军，徐信忠. 中国股市反转投资策略有效性研究 [J]. 经济研究，2004（3）.

[162] 肖峻，石劲. 基金业绩与资金流量：中国基金市场存在"赎回异象"吗？[J]. 经济研究，2011（1）.

[163] 谢升峰，李家艳. IPO 定价、分配与托市理论 [J]. 中南财经政法大学学报，2003（6）.

[164] 熊维勤，孟卫东，周孝华. 新股询价发行中的配售规则对 IPO 抑价的影响 [J]. 中国管理科学，2006（8）.

[165] 颜媛媛. 首次公开发行中抑价现象的博弈方法分析 [D]. 武汉：武汉大学，2005.

[166] 杨记军，赵昌文. 定价机制、承销方式与发行成本 [J]. 金融研究，2006（5）.

[167] 杨建平. 新股发行与保荐人寻租行为探析 [J]. 经济纵横，2005（11）.

[168] 杨文虎. 基金家族影响投资者选择吗？[J]. 管理评论，2009（12）.

[169] 赵迪. "南方系"疑似利益输送基金公平交易何其难 [J]. 股市动态分析周刊，2008（13）.

[170] 张婷. 投资者的选择与基金溢出效应研究 [J]. 证券市场导报，2010（1）.

[171] 张文杰. 基于最优新股分配机制的投资收益率差异研究 [D]. 重庆：重庆大学，2007.

[172] 张宗新，缪婧倩. 基金流量与基金投资行为 [J]. 金融研究，2012（4）.

[173] 周铭山，周开国，张金华，刘玉珍. 我国基金投资者存在处置效应吗？[J]. 投资研究，2011（10）.

[174] 周㼆，周常春. 开放式基金关联交易研究 [J]. 经济研究导

刊，2007（2）．

　　［175］祝文峰，刘银凤．证券投资基金"老鼠仓"问题研究［J］．经济问题，2008（7）．

　　［176］朱红军，钱友文．中国 IPO 高抑价之谜："定价效率观"还是"租金分配观"？［J］．管理世界，2010（6）．

图书在版编目（CIP）数据

基金家族利益输送问题研究/彭文平著.—北京：中国人民大学出版社，2016.11
（国家社科基金后期资助项目）
ISBN 978-7-300-23533-2

Ⅰ.①基… Ⅱ.①彭… Ⅲ.①基金市场-研究-中国 Ⅳ.①F832.5

中国版本图书馆 CIP 数据核字（2016）第 262682 号

国家社科基金后期资助项目
基金家族利益输送问题研究
彭文平　著
Jijin Jiazu Liyi Shusong Wenti Yanjiu

出版发行	中国人民大学出版社		
社　　址	北京中关村大街 31 号	邮政编码	100080
电　　话	010－62511242（总编室）	010－62511770（质管部）	
	010－82501766（邮购部）	010－62514148（门市部）	
	010－62515195（发行公司）	010－62515275（盗版举报）	
网　　址	http://www.crup.com.cn		
	http://www.ttrnet.com（人大教研网）		
经　　销	新华书店		
印　　刷	涿州市星河印刷有限公司		
规　　格	165 mm×238 mm　16 开本	版　次	2016 年 11 月第 1 版
印　　张	11.25 插页 2	印　次	2016 年 11 月第 1 次印刷
字　　数	183 000	定　价	35.00 元